JN059635

写真で見る明日香の昔と今

1 石舞台古墳
- 昭和26年
- 令和2年

（入江泰吉撮影）

（明日香村撮影）

（明日香村撮影）

2 飛鳥川上流の稲渕集落

昭和49年　　　　令和2年

（明日香村撮影）

（奈良国立文化財研究所提

3 飛鳥集落より
天香具山を望む

昭和33年　　　　令和2年

4 飛鳥宮跡 （明日香村撮影）

（明日香村撮影）

（橿原考古学研究所撮影）

5 高松塚古墳周辺 ● 昭和47年

● 令和2年

（明日香村撮影）

6 整備された牽牛子塚古墳

（明日香村撮影）

（橿原考古学研究所撮影）

7 甘樫丘から真神原を望む
●昭和46年
●令和2年

（明日香村撮影）

明日香村の主な遺跡と巻頭カラー写真の撮影ポイント

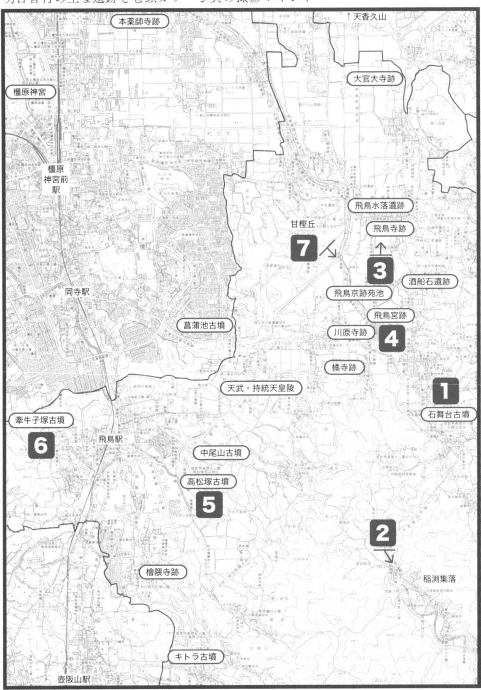

文化財・景観を守り、活かす

明日香法とともに

明日香村 編

明日香法とは

　明日香法は、1980（昭和55）年に多くの人の明日香村への想いが実を結び、制定された。人々の暮らしに根ざしたこの法律は、明日香村の歴史的価値を高め、普遍的価値を伝えている。明日香村は高度経済成長期に、全国的な開

日本と明日香村をとりまく環境

昭和30年代

高度経済成長期

　第二次世界大戦後の日本は著しい経済成長を迎えた。高度経済成長期は、国民生活に豊かな環境をもたらすとともに、急激な物価上昇や都市と地域の人口格差の拡大、さらには公害など、多くの問題を提起した。

昭和40年代 前半

宅地開発の波

　人口増加や交通網の発達により、明日香村を含む各地に宅地開発や都市化の波が押し寄せた。一方、農業をはじめとする地域の産業は零細化し、衰退へ向かおうとしていた。

古都保存法と明日香法

古都保存法　　昭和41年

古都における歴史的風土の保存に関する特別措置法
（昭和41年1月13日公布・4月15日施行）

　高度経済成長期に京都タワー建設計画、双ヶ丘の開発、若草山の観光道路、鶴岡八幡宮の裏山を削る宅地造成計画など、日本のこころのふるさとである景観が破壊される恐れのある問題が相次いだ。そのような背景のもと、文化財と周辺の自然的環境が一体となっている状況を歴史的風土として捉え、それを開発から守り、次世代へ繋げていくことを目的として制定された。

発の波にさらされるなか、日本のこころのふるさとである歴史的風土を守る古都保存法の「古都」として指定された。その後、住民の理解と協力の下、歴史的風土を保存するために、古都保存法の特例及び国等において講ずべき特別の措置を定めることを目的に明日香法が制定された。

昭和40年代後半

危機感をバネに

　住民は関係者とともに、明日香村の歴史的風土を守るために声をあげた。民間人による「声の直訴状」が政府を動かし、飛鳥古京を守る議員連盟が結成され、住民生活と調和した歴史的風土の保存のための閣議決定が行われた。

明日香法　　昭和55年

　明日香村における歴史的風土の保存及び生活環境の整備等に関する特別措置法（昭和55年5月26日公布・施行）

　閣議決定（昭和45年12月18日）により様々な施策がはじまったものの、住民生活の向上に関する施策は遅れがちとなった。住民からの不満の声などを受けて特別立法に向けた要望が高まり、古都保存法の特例と特別の措置を定める明日香法が誕生した。明日香法は古都保存法の心髄である"古き良きものを守る"ことをベースにしながら、そのためには住民生活のさらなる向上が不可欠とする考えを基本としている。明日香のかけがえのない風土を未来に向けて伝えていくのが明日香法の目的である。

日本の古都（現在、10都市が指定されている）
神奈川県　鎌倉市・逗子市／滋賀県　大津市／京都府　京都市
奈良県　奈良市・斑鳩町・天理市・橿原市・桜井市・明日香村

文化財・景観を守リ、活かす
明日香法とともに　目　次

第3章

明日香法から現在・未来へ

明日香法とはなにか

全国的な開発の波が明日香村に押し寄
せるなか、明日香法は、何をめざしど
のような経緯で制定されたのか？
文化財と景観を一体として守りながら
も、住民生活の向上を不可欠とする明
日香法の理念とあゆみを追う。

明日香法とは

木治 準宝

1 明日香法の目的

　明日香村における歴史的風土の保存及び生活環境の整備等に関する特別措置法（以下、「明日香法」という。）は単独の法律として、第91回国会において成立し、1980（昭和55）年5月26日に公布され、同日から施行された。

　飛鳥地方の遺跡等の歴史的文化的遺産がその周囲の環境と一体をなして、我が国の律令国家体制が初めて形成された時代における政治及び文化の中心的な地域であったことをしのばせる歴史的風土が、明日香村の全域にわたって良好に維持されていることにかんがみ、かつ、その歴史的風土の保存が国民の我が国の歴史に対する認識を深めることに配意し、住民の理解と協力のもとこれを保存するため、古都保存法の特例及び国等において講ずべき特別の措置を定めることを目的としている（明日香法第1条）。

　第1条では、歴史的風土が「明日香村の全域にわたって良好に維持されている」とあり、明日香村全域が保存されるべき対象であることが示されている。そして、その歴史的風土を住民の理解と協力のもと保存するとし、そのために、単独の特別立法が必要であることが整理されている。また、「我が国の律令国家体制が初めて形成された時代における政治及び文化の中心的な地域」であり、その歴史的風土の保存が「国民の我が国の歴史に対する認識を深めること」に繋がるという部分から、国家的な取組としての責務が読み取れる。

　この法律の施行により、明日香村は、1つの行政区域のための法律を有す

る非常に稀有な自治体となった。

　この法律は全 8 条からなっており、歴史的風土の保存をより一層適切に行うため、古都における歴史的風土の保存に関する特別措置法（以下、「古都保存法」という。）の特例を定める部分（第 2 条及び第 3 条）と、保存に関連して必要とされる住民生活の安定を図るため国等において講ずべき特別の措置を定める部分（第 4 条から第 8 条まで）とから構成されている。

2　歴史的風土保存のための措置

　明日香法制定にあたり、古都保存法第 7 条に、古都として定められた市町村のうち、当該市町村における歴史的風土がその区域の全部にわたって良好に維持されており、特にその区域の全部を古都保存法第 6 条第 1 項の特別保存地区として都市計画に定めて保存する必要のある市町村については、別に法律（明日香法）で定めるところにより、古都保存法第 4 条（歴史的風土保存区域の指定）、第 5 条（歴史的風土保存計画）、第 6 条（歴史的風土特別保存地区に関する都市計画）の規定の特例を設けることができ、この場合に都市計画において定められた地区は特別保存地区として古都保存法の規定の適用を受けることを定めた条文（古都保存法第 7 条の 2）が加えられている。特例については、明日香法第 2 条第 2 項の明日香村歴史的風土保存計画の定める事項として、1 号に、第 1 種歴史的風土保存地区と第 2 種歴史的風土保存地区との区分の基準に関する事項、2 号に、第 1 種歴史的風土保存地区と第 2 種歴史的風土保存地区内における行為の規制に関する事項が記載され、古都保存法第 5 条の歴史的風土保存計画に定める事項と異なる点が見て取れる。また、明日香法第 3 条に、第 2 条で定めた明日香村歴史的風土保存計画に基づき、都市計画に第 1 種歴史的風土保存地区と第 2 種歴史的風土保存地区を定め、第 1 種歴史的風土保存地区は、歴史的風土の保存上枢要な部分を構成していることにより、現状の変更を厳に抑制し、その状態において歴史的風土の維持保存を図るべき地域、第 2 種歴史的風土保存地区は、著しい現状の変更を抑制し、歴史的風土の維持保存を図るべき地域とし、それぞれの地区は、古都保存法第 6 条第 1 項の特別保存地区であるとしている。これらの条文により、明日香村の歴史的風土の保存のための措置については、第 1 種歴史的風土保存地区と第 2 種歴

史的風土保存地区という現状変更の抑制の度合いが違う2種類の特別保存地区を定め、原則として古都保存法によって行われることがわかる。

　古都保存法第8条では、特別保存地区内は、①建築物その他の工作物の新築・増築又は改築、②宅地の造成、土地の開墾その他の土地の形質の変更、③木竹の伐採、④土石類の採取、⑤建築物その他の工作物の色彩の変更、⑥屋外広告物の表示又は掲出、⑦その他政令で定めるものの行為は、許可を受けなければしてはならないとされており、同条第2項に、政令で定める許可基準に適合することとされている。屋外広告物の表示又は掲出に関しては、奈良県により、明日香村における歴史的風土の保存及び生活環境の整備等に関する特別措置法の施行に伴う関係条例の整備に関する条例第2条により、奈良県屋外広告物条例の一部が改正され、第1種歴史的風土保存地区及び第2種歴史的風土保存地区においては、屋外広告物を表示し、又は、これを掲出する物件を設置してはならない地域とされ、自己の事業又は営業に関して、自己の事務所、営業所等において表示又は掲出する一定規模以下の屋外広告物等を除いては認められないこととされた。よって、奈良県の通達において、一定規模以下の屋外広告物等の表示又は掲出に関する基準が示されている。

　明日香村歴史的風土保存計画の第1種歴史的風土保存地区と第2種歴史的風土保存地区内における行為の規制に関する事項には、行為の規制を運用するに当たって、第1種及び第2種歴史的風土保存地区ともに、甘樫丘からの俯瞰や雷丘、桧前や飛鳥等の集落、清涼飲料水等の自動販売機について、特に配慮すべき事項が定められるなど厳しい規制内容が示されている。また、歴史的風土の保存に配慮した土地利用に関する事項には、都市計画法による風致地区について必要な見直しを行うものとするとあり、風致地区と併せて運用していくことが示されている。

　第1種及び第2種歴史的風土保存地区は、都市計画に定められることから、それぞれの地区の運用については、都市計画運用指針により運用されることになる。運用指針には、改めて、第1種歴史的風土保存地区の位置づけが記載されるとともに、第2種歴史的風土保存地区については、第1種保存地区を除く明日香村の区域において、住民生活の安定及び農林業等産業の振興に著しい支障を与えない範囲において、著しい現状の変更を抑制し、歴史的風

土の維持保存を図るべき地区と記載されている。行為の規制に当たっての留意事項には、特に第1種及び第2種歴史的風土保存地区は、歴史的風土の効果的な保存に資するため、風致地区と一体として活用することが望ましいとしている。行為の許可の留意事項としては、①建築物の新築、改築又は増築、②工作物の新築、改築又は増築、③ビニルハウスその他これらに類するものの新築、改築又は増築、④土地形質の変更、⑤木竹の伐採、⑥建築物の色彩変更、それぞれについて、特に留意する事項が詳細に記載されている。

　建築物の中の普通建築物の新築、改築又は増築では、屋根形状は切妻などと定められているほか、瓦屋根にあっては、黒色の日本瓦（できる限りいぶし瓦であることが望ましい。）とされている。外壁にあっても、真壁であることが望ましいとされ、白色又は黒色のしっくい壁とすることが望ましいとあり、「その他これらに類似する外観を有する材料で仕上げられているもの」には、土物壁、荒壁及びしっくい壁に類似する外観を有する白色又は黒色のモルタル壁は含まれるが、鉄板壁、ベニヤ板壁等は含まれないと定められている。さらには、へいや、ひさし、柱、扉、雨戸などの望ましい材料についても触れられている。

　工作物については、擁壁である場合は、自然石を使用した石積み（野面石積み、玉石積み、雑石積み、間知石積み等）又はこれに類する外観を有するものであることが望ましいとされている。また、工作物とは別に、ビニルハウスについての項目もあり、材質や色などが定められている。

　非常に厳しい規制内容となっているが、明日香村歴史的風土保存計画の第2種歴史的風土保存地区内における行為の規制の大綱に、農林業のための行為の規制の実施については、農林業が明日香村の基幹的な産業であることにかんがみ、地域の特性に応じて農林業の維持振興を図ることができるよう、特に配慮するものとあり、同計画の歴史的風土の保存に配慮した土地利用に関する事項には、農地については、第一種歴史的風土保存地区及び第二種歴史的風土保存地区の特性に応じて、これらの地域における歴史的風土の保存と調和した形態において、農業の積極的な維持振興を図るものとし、このために必要な農地の確保及び整備を図るとある。都市計画運用指針においても、その他の建築物の意匠及び形態については、できる限り普通建築物に関する

規制に準じて取り扱うとこが望ましいとした上で、農業、林業若しくは漁業
の用に共するために必要な物置、作業小屋等の屋根については、黒褐色又は
黒色の化粧石綿セメント・アスファルトシングル等を認めることも考えられ
るとされている。建築物の中には、温室についても記載があり、許可しない
ことが望ましいとあるが、農林経営上必要やむを得ないと認められるものに
ついては、特に慎重な検討を行った上で、許可しうるものとすることが望ま
しいとされている。

　また、市街化を図るべき区域の範囲は、おおむね現状において維持するも
のとしながらも、飛鳥駅周辺の地域にあっては、歴史的風土と調和した市街
地が形成されるように計画的な市街地の整備を図るとある。

　保存措置の内容は、エリアの特性を持たせながらも非常に厳しく、かつ詳
細に定められている。その中でも住民が生活し、農林業を中心として村が振
興していくことができるよう考慮されている。この保存措置が40年余り継
続しており、特に法律制定以前の地形が大きく改変されることなく、歴史的
風土が良好に保全されている。それだけでなく、法制定当時は、既存不適格
であった建築物等も、法の許可基準に基づく内容で改築等が行われることに
より、歳月をかけて、歴史的風土と調和した良好な集落景観が作り上げられ
てきている。

3　住民生活の安定・向上と財政上の配慮

　明日香法第4条第1項に、国土交通大臣は、奈良県、明日香村及び社会資
本整備審議会の意見を聴くとともに、関係行政機関の長に協議して、明日香
村における歴史的風土の保存と住民の生活との調和を図るため、明日香村に
おける生活環境及び産業基盤の整備に関する基本方針を定め、これを奈良県
知事に示すとあり、第2項に、奈良県知事は、明日香村整備基本方針に基づき、
明日香村の意見を聴いて、明日香村における生活環境及び産業基盤の整備等
に関する計画（以下、「明日香村整備計画」という。）を作成することができると
されている。これにより、10年間の明日香村整備計画が定められ、現在は、第
5次の計画となっている。また、計画策定の際だけでなく、国において、必
要に応じ社会資本整備審議会を開催いただき、明日香村の現状や課題、明日

香村整備計画の進捗状況を把握した上で、支援方策などの検討をしていただいている。このことにより、明日香村は、平素から直接、国の担当部署と密に連携をとり、情報交換や取り組みを行うことが可能となっている。

　奈良県知事により作成された明日香村整備計画は、計画の進捗を図ることができるよう、明日香法第5条により、計画に搭載された事業について国の負担又は補助の割合の特例が定められている。第1項にある首都圏、近畿圏及び中部圏の近郊整備地帯等の整備のための国の財政上の特別措置に関する法律第5条の規定については、当法律が時限立法であり、2009（平成21）年度までの事業が対象であったため、現在は適用されていない。第2項以降では、道路法第2条第1項に規定する道路の改築の事業で政令で定めるものに係る経費に対する国の負担の割合は、当該事業に関する法令の規定にかかわらず、四分の三の範囲内で政令で定める割合とすることや、下水道法第2条第2号に規定する下水道の設置又は改修、土地改良法第2条第2項に規定する土地改良事業などについて、国の負担の割合の特例が記載されている。負担の割合の詳細については、明日香法施行令に定められている。また、第6条には、地方債についての配慮が示されている。さらには、第7条において、第4条から第6条に定めるもののほか、明日香村整備計画が円滑に達成されるよう、財政上及び技術上の配慮をしなければならないとあり、時勢に即した配慮をしていただける内容となっている。

　第8条には、歴史的風土保存を住民の理解と協力のもと実施していくために、住民が直接行う取り組みに対する支援を行うため、明日香村整備基金を設ける場合には、国は24億円を限度として基金の造成のために必要な資金の一部を村に対して補助することが記載されている。村は明日香村整備基金条例を制定し、その基金に対しての造成費補助の国交付要綱が定められ、5年間かけて基金の造成補助が行われた。同時に、国により基金の管理運営要領が作成され、これに基づき、基金を管理、運用し、毎年度、基金対象事業に関する収入支出計画等の協議及び報告を大臣宛に行っている。

　支援の方策については、法制定当時に考えうる財政上の特例を盛り込んでいただいているが、首都圏、近畿圏及び中部圏の近郊整備地帯等の整備のための国の財政上の特別措置に関する法律の財政上の特別措置は、2008（平成

20）年3月をもって、適用期間非延長となり、明日香村整備基金の運用による収益は、低金利により造成終了時点での約2億4千万円から減少し現在では約3千万円となっている。このように、時代の変化や社会情勢により、当初想定されていた財政上の特例の恩恵は減少しているが、第7条の規定により、明日香村歴史的風土創造的活用事業交付金などなど、新たな支援策を構築していただいている。

4　明日香法以外の土地利用のコントロール

明日香村は全村が都市計画区域となっており、市街化区域及び市街化調整区域の区域区分及び用途地区が定められ、土地利用がコントロールされている。しかし、都市計画法の市街化区域や市街化調整区域の区域区分は、住民のための最適な土地利用や土地活用のために、良好かつ安全な市街地形成と無秩序な市街化の防止を目的としているのであって、大きな土地の改変そのものを制限しているのではない。よって、明日香法がなくても土地利用のコントロールができるのではないのかという疑問に対しては、歴史的風土を保存するために必要な土地の改変などはコントロールができないのである。

また、農作業小屋等が、自由な立地場所に立てることができないのは、明日香法があるからという誤解もあるが、その多くは、建築基準法や都市計画法によるものである。

5　古都保存法による損失の補償等

明日香法は、古都保存法第4条から第6条の規定の特例を設けているため、他の条については、古都保存法によることとなっている。古都保存法第11条には、古都保存法第8条第1項の許可を得ることができないためその土地の利用に著しい支障をきたすこととなり当該土地を県において買い入れるべき旨の申し出があった場合においては、当該土地を買い入れるものとする条項がある。

また、地方税法第6条により、明日香村税条例第71条の2において、明日香法の第1種及び第2種歴史的風土保存地区の土地及びその区域における

家屋に対する固定資産税を減額する措置を講じている。

引用・参考文献
明日香村における歴史的風土の保存及び生活環境の整備等に関する特別措置法
明日香村における歴史的風土の保存及び生活環境の整備等に関する特別措置法施行令
明日香村歴史的風土保存計画
古都における歴史的風土の保存に関する特別措置法
明日香村における歴史的風土の保存及び生活環境の整備等に関する特別措置法の施行に伴う関係
　　条例の整備に関する条例
第一種歴史的風土保存地区及び第二種歴史的風土保存地区内における行為の規制等について（昭
　　和55年12月27日風保第146号）
第12版都市計画運用指針（令和4年4月国土交通省）

明日香法制定への苦難（あゆみ）

藤田　尚

1　戦後からの日本復興

　1945（昭和20）年の第二次世界大戦の終戦を機に、日本は新しい国に生まれ変わった。それは、大日本帝国から民主主義を基調とする平和主義の日本国への転換であった。しかし、敗戦国による経済自立が出来る独立国への道は決して容易なものではなかった。

　終戦当時、米国は世界で最も大きな援助供与能力を有していた。米国は占領地域に対して、ガリオア（占領地域救済政府基金）とエロア（占領地域経済復興基金）という二つの基金を有しており、日本は、これらの基金から支援を受けたのである。これらの資金は通貨安定、国鉄、電気、通信、電力などのインフラをはじめとする経済復興用低利融資の原資となった。

　戦後復興の中で、第二次世界大戦後のそれは、西ドイツの「経済の奇跡」と並び称され、最も成功した例として世界的に有名である。また、その後の高度経済成長期を実現させた日本のそれは「奇跡の復興」とも呼ばれて注目された。

2　国土開発の最盛期

　日本の戦後の復興は、第二次世界大戦において GDP の86％に上る資本ストックを毀損した状況から始まった。高度成長期は1950年代の中頃に始まり1970年代初頭に終わったとされている。この15年間の成長率は年平均で約10％に達した。この高度成長期を終え、成長率は徐々に低下したが、それでも1980年代を通して、先進主要国の中では相対的に高い成長率を維持した。

　このような時代背景の中で、全国各地、とりわけ鎌倉市、京都市や奈良市

といった我が国往時の政治・文化の中心等として歴史上重要な地位を有する地域においても、開発の波が押し寄せた。

ことに、戦後、鎌倉の人口は急増し、樹林地面積は3分の2に減少した。1960年代初頭には宅地開発が急増し、「昭和の鎌倉攻め」と称されるほどの状況となった。時同じくして、京都市においても名勝指定されていた地に、ホテル建設構想が持ち上がり、歴史的景観に対する問題提起がなされた。

3　保存と開発

このような時代背景の中にあって、急激な日本の特需として住宅地造成をはじめとする各地における開発の波に見舞われる状況となった。同時に自然環境や歴史的風土、景観といった視点での評価が問われ、開発一辺倒の考え方に問題提起し、古都地域と呼ばれる未来における姿（景観）を保全するとともに、景観形成への提起として多くの声が上がったであろうことは想像に難くない。

推察するに、戦後復興という大命題の一方で、国民意識として「物質的豊かさ」と同等に「心の豊かさ」を、また「経済的繁栄」と同様に「歴史・伝統、自然・文化」を重視するというそのバランスを願う日本国民の姿があったと想像する。

戦後から高度成長期を経て現在に至るまでの歴史を活かしたまちづくりに関連する法制度や取り組みの変遷を整理する。

(1) 文化財保護法（1950年）

法隆寺金堂壁画の焼失を機に、歴史的環境保全に関する法制度を求める声が高まり、文化財保護法が成立した。従前に定められていた国宝保存法、重要美術品等ノ保存ニ関スル法律、史蹟名勝天然紀念物保存法等の従来の法律が統合され、制度の拡充が図られた。

(2) 古都保存法（1966年）

1960年代、京都や奈良、鎌倉といった歴史的な都市において、景観保存運動が活発化し、京都のホテル建設構想や京都タワー建設計画、奈良県庁建て

替え問題や観光道路、温泉郷開発等、また鎌倉の宅地開発に対する反対運動が起きた。これらの反対運動を受け、京都市を中心とした関係地方公共団体による「古都保存連絡協議会」が結成されるなど、官民の危機意識と保存運動の結果、議員立法として「古都における歴史的風土の保存に関する特別措置法（以下、「古都保存法」という。）」が制定された。

（3）景観・美観論争と市街地景観保全の取り組み（1970年代）

京都市では、京都タワー建設に対する景観論争等を受けて、1972年、全市域の景観整備指針京都市市街地景観条例が制定された。東京都では、1966年に、丸の内の東京海上火災本社が超高層ビル化を申請、その建設により、皇居に対する景観論争が起きた。横浜市では、山手地区の高層マンション問題を契機として、1972年、山手地区景観風致保全要綱を策定する等、美観・景観の保全に対する動きが起こった。

このような状況の下、今日的には2004（平成16）年の「景観法」による景観規制や美観の視点、また2008年の「地域における歴史的風致の維持及び向上に関する法律」（愛称：歴史まちづくり法）によるまちづくりが全国各地に広がっている。

（4）まちなみ保存運動の起こりと地方への拡大（1970年代）

高度経済成長期において、歴史的なまちなみに対して、「開発か保存か」という世論の影響力、文化財行政の集落やまちなみへの拡大、愛郷主義の高まり、観光キャンペーンの影響等から、全国各地で官民の運動として、本格的なまちなみ保存運動が起こり始めた。1970年には、京都、奈良、鎌倉の市民団体を中心とした「全国歴史的風土保存連盟」が結成され、地方行政においても、各地域での広がりにつながった。

（5）伝統的建造物群保存地区の創設（1975年）

1975年に文化財保護法が改正され、文化財の定義の一つに「伝統的建造物群」が追加された。伝統的建造物群とは、「周囲の環境と一体をなして歴史的風致を形成している伝統的な建造物群で価値の高いもの(第2条第1項第6号)」

と定義される。伝統的建造物群保存地区とは、「伝統的建造物群及びこれと一体をなしてその価値を形成している環境を保存するために文化財保護法の定めるところにより市町村が定める地区（第 142 条）」である。

(6) 都市計画法の改正（1980 年）

1980 年の都市計画法改正では、都市レベルの計画と建築基準法が前提とする敷地レベルの計画の間を埋める住民に身近な都市計画制度として、地区計画制度が導入され、地域の特性に応じた規制誘導の仕組みが強化された。

(7) 地方公共団体における景観行政の始まりとその拡大（1980 年代）

1970 年代から行政の課題として、都市の景観整備が考慮されるようになり、1978 年の神戸市都市景観条例の制定等の動きが起こった。歴史的なまちなみ景観の保全だけでなく、都市の街路景観の育成や自然環境の保全等に対象を拡大しつつ、景観条例制定の取り組みが全国に拡大し、1980 年代後半以降、大幅に増加した。

(8) 世界遺産条約の締結（1992 年）

1992 年、日本はユネスコの世界遺産条約（「世界の文化遺産及び自然遺産の保護に関する条約」、1972 年採択、1975 年発効）を締結した。条約締結後、1993 年に「法隆寺地域の仏教建造物」と「姫路城」の 2 件が文化遺産、「白神山地」及び「屋久島」の 2 件が自然遺産として、わが国初の世界遺産一覧表に記載され、2022（令和 4）年現在、文化遺産 20 件、自然遺産 5 件の合計 25 件が世界遺産に登録されている。

(9)　景観まちづくりへの展開（2000 年代）

2002 年の都市計画法改正による都市計画提案制度の創設、2004 年のまちづくり交付金制度の創設、同年の地区計画制度改正によって地区計画で形態・意匠・緑化等といった規定が可能になる等、地域レベルでのまちづくりを支援する仕組みの整備が進展した。

（10）景観法等の制定（2004 年）

　美しい国づくり政策大綱では、従来の社会資本整備の質への反省に立ち、地域の個性を重視し、美しさを内部目的化することが示された。これを受け、良好な景観の形成の促進を目的に、2004 年に景観法の制定、都市緑地保全法の改正、屋外広告物の規制強化等がなされた。景観法の施行によって、各地方公共団体が制定してきた景観条例に法的根拠を付与することが可能になるとともに、各種行為規制のための景観計画や景観地区などの法的仕組みが整備された。

（11）文化的景観の概念（2004 年）

　文化財保護法改正において、新たな概念である文化的景観（地域における人々の生活又は生業及び当該地域の風土により形成された景観地で我が国民の生活又は生業の理解に欠くことの出来ないもの）が、文化財として追加された。必要な保護措置が採られている文化的景観で特に重要なものとして、2022（令和4）年現在、70 件の重要文化的景観が選定されている。

4　明日香保存への高まり

　1966 年 1 月に制定された古都保存法に基づき、1967 年 12 月に「歴史的風土保存区域」又は 1969 年 2 月に「歴史的風土特別保存地区」が明日香村も部分的に指定されましたが、都市化の波が明日香村にも迫ってきました。かつて通勤範囲とはみなされなかった明日香村及び周囲の市町村も時代が進むにつれて、十分その範囲となり、無秩序な宅地開発が始まろうとしていた。

　一方、明日香村の主要な産業である農林業は零細化、後継者不足などで苦況に直面していた。つまり、都市化と主要産業の苦境という 2 つの波が同時に村を襲おうとしていたときである。

〈声の直訴状〉

　1970 年 1 月、御井敬三氏は「明日香の保存を訴える」声の手紙を松下幸之助氏に託し佐藤栄作首相へ届けた。

『明日香の古京を逍遥すれば、誰しも日本のこの国が如何にして形成され、

如何なる経路をたどってきたかを回想せずにはおられないでしょう」「日本民族のふるさとともいうべき明日香の自然と風物、世界に誇るべき貴重な史跡はどんなことがあっても守らなければなりません」「明日香を守るというよりも、これによって国民の作興を図るとなれば、どうしても **『飛鳥古京法』** *というような別の法令によって、明日香を日本人の精神のふるさととして村民の生活保障を含めた建設的な処置が取られなければならないでしょう」*

〈佐藤首相の明日香村視察〉

1970 年 6 月、佐藤首相は、甘樫丘に登り明日香村を視察（同行＝保利官房長官、木村同副長官、橋本運輸相、宮沢通産相、山中総務長官、今文化庁長官）。

〈佐藤首相の言葉〉

(松下氏との懇談会でテープを聴いた後に)

「知らなかった。これでは総理とは言えんな。」

(同年 6 月明日香村視察の際に御井氏へ)

「ありがとう。あなたのおかげで明日香に来ることができました。」

(同視察の際に岸下村長へ)

「身近に寄せる開発の波にもめげず、明日香村民の皆さんはよくこれまで辛抱し、保存してくれました。」

「国・県・村が協力し、住民が納得できるよう保存したい。」

この御井敬三氏の熱意と行動が、明日香法制定に向けての大きな第一歩と言っても過言ではないといえる。このように、松下氏のかかりつけ医であった御井氏の存在。そして、佐藤首相と松下氏との関係なくして、明日香法への道のりは遠く、険しいものではなかったか。この出会い、きっかけがあって、後の明日香村、明日香保存への大応援団組織が出来たのである。また、御井氏は同年 4 月飛鳥村塾を開設した。飛鳥川の上流、栢森の旧家西岡邸を借り受け、各種団体代表者 30 名が集まり、産業の近代化や観光・保存構想について議論を重ねた。

〈「飛鳥古京を守る会」発足　1970 年 3 月 7 日〉

1969 年 2 月　村立高市小学校（現在は廃校）講堂で橿原考古学研究所が主催する「昭和 43 年度飛鳥京跡発掘調査現地説明会」と、明日香村が主催する「飛ぶ鳥の明日香路文化教室」が合同して開催される開会直前、控え室に集まっ

ていた岸下明日香村長及び池田源太、犬養孝、辰巳利文らに、末永雅雄が飛鳥を保存するために広く国民に呼びかけて、「飛鳥古京を守る会」を結成し、活動することの必要性を提案したことから始まるのである。一年の準備期間を経て、1970年3月、発足に至った。

【趣意書】

（前文略）このように飛鳥の地は、まさに古代日本の宝庫であるのみならず、わたくしたち日本人の魂のふるさとといってもよく、あくまでも、村ぐるみで守られてゆかねばなりません。（中略）近年では土地開発のあらしは、村のま近くまでおしよせてきました。もし現在のまま何らの対策もなしに放置しますと、全国の多くの人たちから、〝日本のふるさと〟〝飛ぶ鳥の明日香〟として親しまれ、あこがれられてきた貴重な遺跡・風土が、永久に姿を消してしまうことでしょう。わたくしたちは、飛鳥の諸遺跡と風土景観の潰滅を危ぶみ、ここに『飛鳥古京を守る会』を結成いたしました。

会員数は、発足後五ヶ月にして2,500名となり、最盛期には全国にわたって3,000名を超えていた。しかしながら、時代のさまざまな状況変化に伴い、2010年に40周年の節目をもって活動の終焉をみたのである。

〈「飛鳥古京を守る議員連盟」発足　1970年5月20日〉

「万葉のふるさとを守れ」、「飛鳥古京を守れ」の学者・知識人・報道陣の声は、ついに政界に波及し、自民党議員170名により、「飛鳥古京を守る議員連盟」を発足させた。その後、超党派による議員連盟の設立までに運動は拡張された。

発足時の役員として、会長が橋本登美三郎（運輸相）、副会長が瀬戸山三男（元建設相）、灘尾弘吉（元文部相）、原田憲（元運輸相）、剣木亨弘（元文部相）、松平勇雄（元行政管理庁長官）が決定された。

以降、1970年は、政府、各省庁、各党視察団が枚挙にいとまなく明日香村を訪れ、視察・懇談・協議が重ねられた。

5　不安と反対運動

1970年代になると、明日香保存問題が一気に加速し、クローズアップされた。高名・著名な国会議員や政府要人、関係者及び文化人、マスコミ等がこぞっ

て来村し、さまざまな明日香保存構想や新たな法規制の必要性が取り沙汰された。ともすれば、そこには、保存の担い手である住民不在の議論であったり、生活をおざなりにした将来を見通せない不透明なものが多かった。

〈「明日香の将来を考える村民会議」開催　1970 年 5 月 24 日〉

高市小学校講堂で開かれたこの会議は、明日香村青年団の一研究グループ（飛鳥史跡研究会（福井清康会長））の主催によるものであったが、多くの報道陣が会場を取り巻くほどの注目を浴びた。

発言者の多くは、明日香保存の必要性には異存はないが、生活上の関心は高く、将来の見通しが不透明では保存も意味がないとするものであった。この会議の後記を、福井清康会長は、次のように手記している。

「さて私たちの明日香村は、今や全国民の大きな注目の的となり『日本の明日香』の意義がようやく人々に理解されるようになりました。数多い遺跡の保存と、昔のままの自然景観の保護という基本方針で、国あるいは全国の文化人が対策に乗り出すにつれて、各種の構想案が発表されました。（中略）

明日香は今や進むべき方向を大きく転換すべき時に際会したといわれていますが、その方向に保存があります。この保存のために生活が損なわれるようなことは、あり得ないことだと思います。

また、明日香の進むべき方向を、県や国が、一方的に行政措置で決定されるべきでないと思います。それは、明日香の土地が、日本最古の都の跡であり、数多い重要な文化遺跡が、それを取り巻く自然とよく調和して、「日本人の心のふるさと」としての価値を発揮するとともに、私たち住民にとっては、かけがえのない生活の場であるからです。

私たち住民は、私たち自身の明日香としての認識を新たにし、大きな視野に立って、構想を練り、その実現について真剣に考えねばならないと思います。今度の村民会議において私は痛切にそれを感じました。

〈「飛鳥規制反対決起同盟」が結成　同年 7 月〉

大字飛鳥居住の 107 戸によるものだった。まず、保存等の措置のうち、規制の拡張案で大きな問題となった。1969 年 2 月に指定した飛鳥宮跡歴史的風土特別保存地区の 55ha は、大字岡や大字飛鳥の平坦部を凍結保存とする

ことについて、地域住民に対して十分な説明がされなかったことや、地域住民に対する施策が欠如していたとのことから、今回の約 40ha の拡張案について大字飛鳥から、「規制が強まるばかりで我々住民の生活設計が立たない。規制拡張はしないで住民の自主規制に任せてほしい。」などといった猛烈な反発が繰り返され、指定の取り消しを求める意見書が奈良県知事や県都市計画地方審議会に提出された。このため、県と村は大字飛鳥住民に理解と協力を求めるため、県部長、村長らが出席して歴史的風土の保存について説明を行うが、理解が得られなかった。

　このことから、県都市計画地方審議会は規制を拡大する地域は学術的な重要性を認めながらも、今まで国、県が住民に対し施策を講じなかったことを理由に審議を保留した。そして審議会委員は、地元住民と懇談会を開き、また、県議会でも特別委員会の委員らが現地視察や地元住民代表らと懇談を重ね、今後住民対策を講じることとし、条件付きで拡張案に同意を得た。

　次に環境整備では、県道・河川の改良事業や駐車場・国営公園の整備、また、歴史資料館・ごみ焼却場の建設などの事業が、1971 年度の国の明日香関連予算 8 億円（村の一般会計予算総額 3 億 2,700 万円）と巨額な費用で進められることとなった。

6　世紀の大発見

　1972 年 3 月 21 日、高松塚古墳から発見された極彩色の壁画は、その後の明日香村の歴史的風土の保存や文化財の保存に大きな影響を与えた。

　また、それにとどまらず、明日香保存の奥深さ、無尽蔵な文化財の宝庫及び日本国家形成過程を指し示す最重要な地域であるとの再認識をもたらし、脚光を浴びることとなった。

　明日香村の依頼を受け、橿原考古学研究所が、高松塚古墳の発掘調査を開始したのは、3 月 5 日であった。

　発掘開始後 16 日目の 3 月 21 日、やっと人一人が通れる盗掘口を見つけた。橿原考古学研究所主任所員であり関西大学の助教授であった網干善教の突き出した懐中電灯の光の中に、極彩色の飛鳥美人群の壁画が浮かび上がったのは、このときであった。

　「世紀の大発見」と称された古墳壁画ではあるが、その保存管理、活用はもとより、存する土地及び周辺土地環境の制度措置や土地取得の有りようについて、奈良県と協議を重ねることとなった。

7　閣議決定施策のその後の状況

〈都市計画法による区域区分〉

　1970年12月28日　大和都市計画区域が決定され、明日香村においては市街化区域98ha、市街化調整区域2,306 haとされた。

　飛鳥地方の歴史的風土保存区域約527 haの拡張案については、1971年2月、奈良県古都風致審議会において追加を承認。また、3月下旬に佐藤内閣総理大臣から「天理市・橿原市・桜井市及び奈良県高市郡明日香村歴史的風土保存区域の変更」及び「天理市・橿原市・桜井市及び奈良県高市郡明日香村歴史的風土保存計画の変更」について歴史的風土審議会に諮問され、同審議会はそれぞれについて答申した。

　「保存区域の変更」は、同年4月26日内閣総理大臣（総理府告示第15号）により歴史的風土保存区域約527 haを拡張して合計約918 haが決定した。

　「保存計画の変更」については、同年5月6日内閣総理大臣（総理府告示第18号）により保存計画の一部変更が決定された。

　次に、1971年7月、風致地区の変更及び飛鳥宮跡歴史的風土特別保存地区の拡張案について、奈良県都市計画地方審議会に諮問されたが、同審議会は風致地区の863 haの拡張については承認したものの、歴史的風土特別保存地区の42 haの拡張については、規制の拡大となる地元住民から「特別保存地区に指定されることは死活問題」「規制が強まるばかりで生活設計が立たない」など、指定の取り消しを求める意見書を県及び県都市計画地方審議会に提出されたことを受け、国・県の住民に対する施策が不足しているとして継続審議となった。

　一方、継続審議となっていた歴史的風土特別保存地区拡張案について、県都市計画地方審議会代表や県議会特別委員会が現地視察や地元代表者との懇談を重ね、住民対策措置を条件に、拡張案を可決し、同年10月1日変更が告示（奈良県告示第320号）された。

〈主要遺跡の保存、活用に向けて〉

川原寺跡、伝飛鳥板蓋宮跡については、それぞれ公有化が図られ遺跡の発掘調査が行われた。川原寺跡は、1974 年 3 月、約 2.1 ha の遺構復元整備が行われた。伝飛鳥板蓋宮跡も 1972 年 4 月に史跡指定され、5 月に約 0.5 ha の遺構復元がなされた。

〈「財団法人　飛鳥保存財団」発足　1971 年 4 月 1 日〉

飛鳥保存問題は、国家的国民的課題という見地から財政的な支援施策は国家予算だけではなく、民間による支援を呼びかけるため、1970 年 5 月の「飛鳥古京を守る議員連盟」役員会や同年 9 月の歴史的風土審議会答申において財団設立が呼びかけられた。そして同年 12 月閣議決定において、民間に財団法人の設立を要請し、国において所要の助成を行うことが決定された。

同年 12 月 14 日には、経済団体連合会が「飛鳥保存財団設立基金」の拠出を決定した。

同年 12 月 18 日　「飛鳥地方における歴史的風土及び文化財の保全に関する当面の方策」閣議決定。

同年 3 月 24 日　「財団法人　飛鳥保存財団」設立発起人会許可申請。理事長に松下幸之助氏内定。趣意書・寄付行為決定。

〈高松塚・キトラ古墳記念切手寄附金〉

世紀の発見に沸き 1973 年 3 月に発行された「高松塚古墳壁画の寄付金付き記念切手」は、追加発行を含めて 1 億 2,050 万枚が発行され、寄附金総額は約 7 億円、飛鳥保存財団に対する配分金は約 6 億 7 千万円となった。

「キトラ古墳記念切手」については、2003 年 10 月に寄附金つき郵便切手が発売され、翌 2004 年 8 月に 6,700 万円が飛鳥保存財団に配分され、キトラ古墳を題材とした映像作品制作やその機器の整備に活用された。

〈高松塚壁画館〉

壁画は一般には公開されないことから、寄附金つき記念切手の配分金により、1977 年 3 月に開館した。

〈飛鳥総合案内所〉

飛鳥地方への来訪者の利便性とサービスを高めるため、1972 年 3 月に近鉄飛鳥駅前に開設された。

　2018 年には、一般社団法人飛鳥観光協会が管理を行い、道の駅施設として運営している。

〈研修宿泊所　祝戸荘〉

　1974 年 3 月、観光の拠点、各種研修、学習の場として国営飛鳥歴史公園祝戸地区の一角に開設された。

　現在、PARK-PFI により新事業者によるリニューアルが計画されている。

〈国営飛鳥歴史公園出張所開所　1971 年 4 月 1 日〉

　1966 年の古都保存法の制定、1970 年の「閣議決定」に基づき、都市計画法による「ロ号国営公園」として国営飛鳥歴史公園が整備されることとなった[1]。

　国営飛鳥歴史公園は、祝戸・石舞台・甘樫丘・高松塚周辺及びキトラ古墳周辺の 5 地区（総面積 61.4ha）からなり、飛鳥地方の歴史的風土を保全し活用を図っていくため、必要な区域を拠点的に整備している。

【祝戸地区】（1974 年 7 月 22 日開園　7.4ha）

　閣議決定された「宿泊及び研修のための施設」を整備するにあたって、この施設が飛鳥の歴史的風土を損なうことのない場所を求めたためと思われる。

【石舞台地区】（1976 年 9 月 1 日開園　4.5ha　このほか石舞台古墳 0.8ha）

　石舞台古墳を訪れる人々の休養・レクリエーションの場として、また各種イベント会場としても賑わう。

【甘樫丘地区】（1980 年 4 月 10 日開園　25.1ha）

　丘に立って四方を眺めたとき飛鳥の風景と隣接橿原市の風景を対比して一望に収めることができる。

【高松塚地区】（1985 年 10 月 23 日開園　9.3ha）

　近鉄飛鳥駅から徒歩 7 分と利便性が高く、飛鳥巡りの拠点・玄関口となっている。高松塚古墳壁画の劣化に伴い、10 年以上の歳月を要してその保存対策が講じられ、修復施設（仮設）にて保存・公開されている。

【キトラ古墳周辺地区】（2016 年開園　14.3ha）

　星宿図や四神の精緻な壁画が確認されるなど学術上極めて価値の高いものとして、四神の館では学び、体験し、交流できる歴史公園となっている。

〈国立飛鳥資料館開館　1975 年 3 月 16 日〉

　1972 年　起工式　総事業費　4 億 5,500 万円　建築費　2 億 684 万円

1975 年　開館

1994 年　展示室増設

　飛鳥時代（6・7世紀）や飛鳥地方の歴史を展示した、小規模ながら総合的な博物館である。

8　さまざまな明日香への想い

(1)　特別立法への要望の高まり

　1972 年 3 月の高松塚古墳極彩色壁画の発見を機に、次々と重要な遺跡等文化財が発見される中、1973 年 11 月、旧飛鳥小学校南側の伝飛鳥浄御原宮跡（現飛鳥水落遺跡）において方形基壇の土地が発掘された。これは他に類例のない学術的にも文化的にも極めて重要な価値を有するものであることが確認された。農家の専用住宅を建築するための事前発掘調査の届け出により調査が行われたが、村は建築主と建築計画の見直しについて協議を重ね、代替地の提供や建築費の増高や変更に伴う経費を村負担とすることで合意した。

　今後もこのような問題が生じると考えられることから、村長・奈良県は早期に特別立法を講じられるよう、国や飛鳥古京を守る議員連盟に要望活動を行った。

　飛鳥古京を守る議員連盟では、1974 年 11 月、特別立法小委員会（劔木委員長）を開催し、「飛鳥地方整備保全特別措置法（案）」の法律要綱を提示して、各委員・各省庁に対し意見調整が行われた。また、1975 年 1 月及び 2 月に、県・村は特別立法の要旨を衆議院法制局 4 部 2 課に説明を行った。

(2)　福田総理大臣視察

　1977 年 4 月 23 日　福田赳夫総理大臣は奈良県視察の折に記者会見し、「飛鳥地方はわが国の民族のふるさとであり、これをそれらしく保存していくことは日本人全体の願いだ。政府はできる限りのことをしたい。ただ生活との関連があることなので、中央の方から案を押しつけていくことはしない。地元の方から具体的な案が出てくれば、一つひとつの問題を片付けながらできるだけ協力し、飛鳥保全対策特別措置法の実現にできる限り協力する。」と述べた。

　1978年5月28日、福田総理が明日香村の視察を行い、飛鳥資料館、石舞
台古墳及び高松塚古墳（同壁画館）を見学した。飛鳥資料館では、愛水村長・
石田村議会議長から総理大臣に直接特別立法制定の要望書を手渡し、早期実
現の陳情を行った。

　現職総理の来村は1970年6月28日の佐藤栄作氏以来8年ぶり2度目のこ
とであった。福田総理の視察を受けて飛鳥問題は大きく動いた。

　一方、飛鳥古京を守る議員連盟では、同年7月、原田憲氏を委員長とする「飛
鳥保存特別立法委員会」を設置し、福田総理来県後の各関係省庁の対応策を
聴取し、政治的な盛り上がりを見せた。

　1978年10月20日、福田総理は閣議で「飛鳥地方の歴史的風土および文化
財の保存のための立法化を検討するよう」関係各大臣に指示した。

　後日、総理府審議室・自治省地域政策課・建設省都市計画課・県及び村の
関係課による協議会を開催、「飛鳥地方特別措置法に関する要望事項」につ
いて説明をするが、各省からは「明日香の特殊性が非常に弱い」「全村指定
などの特殊性を引き出す必要があるのでは」ということとなり新たな要望を
することとなった。

（3）特別立法案の大字説明会

　1979年7月5日の歴史的風土審議会の答申を受け、村では村長をはじめ
村職員が地域に出向き、7月23日から8月末までの期間に、全村37か大字
の住民に対し、「特別立法に関する地区別説明会」を開催した。説明要旨は、
歴史的風土の保存と地域住民の生活との調和を図るための基本方針、歴史的
風土保存のための方策、住民生活安定のための措置等について説明し、整備
基金については80億円、最低でも50億円を国に要求していることや基金か
ら生ずる利子で行うきめ細かな住民対策事業などを説いた。

　これに対し、住民からは、全村規制への不安感や明確化されていない住民
生活安定対策、また基金制度などについて多くの意見や不安視する声が聞こ
えた。

　また同時に、村・県は、「明日香を守ろう」の冊子を作成し、10月12日か
ら村長及び村・県職員による、総理府・自治省・建設省・農林水産省・文部省・

厚生省・文化庁・国土庁の関係部局に、そして飛鳥古京を守る議員連盟の各議員への陳情を行った。

（4）最大の応援団　飛鳥古京を守る議員連盟

1970 年 5 月 20 日の飛鳥古京を守る議員連盟発足（会長　橋本登美三郎）以来、さまざまな局面で明日香村及び飛鳥保存の最大の理解者で応援団として活動をいただいた。以下、1975 年以降を記す。

1975 年 1 月 23 日　飛鳥古京を守る議員連盟は特別立法小委員会（剱木委員長）を開催し、委員長と法制局とが法案骨子を検討することとなる。

1976 年 1 月 29 日　新たに剱木・原田・奥野・小渕各議員と総理府で法文の基礎案作成に入る。

1978 年 4 月 12 日　総会が開催され、特別立法を〝来通常国会〟目途に進めることとなる。

同年 7 月 7 日　飛鳥保存特別立法委員会（原田憲会長）は、福田総理来県後の各省の対応策を聴取。

同年 10 月 25 日　飛鳥保存特別立法委員会において、早期制定を決議。政府に「飛鳥地方保存特別立法に関する決議」を提出。

1979 年 2 月 9 日　飛鳥保存特別立法委員会で、野呂田参議院議員が特別立法案を提示。以降、この野呂田案が法案の骨子となる。

同月 21 日　飛鳥保存特別立法委員会を開催。特別立法案の要旨を決定。

同月 28 日　政府に対して、「飛鳥地方における歴史的風土の保存及び生活環境の整備等に関する特別法の制定について」申し入れる。（試案提示）

同年 12 月 22 日　明日香予算、大蔵省ゼロ査定。

同月 24 日　議員連盟総会を開催。予算獲得に全力を尽くす旨決議。

同月 25 日　自由民主党政務調査会で予算復活最重点 13 項目に、「明日香村の歴史的風土の保存のため住民生活安定関係諸費」を入れる。

同月 27 日　閣僚折衝にて、①30 億円の基金を創設、うち国が 24 億円、県が 6 億円を 5 年間で負担する。②1.25 倍の補助率のかさ上げ。③第 2 種特別地区内買収に 55％の国庫補助等の復活が決まる。

1980 年 1 月 30 日　「明日香村における歴史的風土の保存及び生活環境の整

備等に関する特別措置法（案）」が最終決定される。

　飛鳥古京を守る議員連盟総会を開催。「明日香法」に盛り込まれる項目について中間報告。

　同月5日　「明日香法」の今国会提出を閣議決定。

9　明日香法制定

　法制定後、愛水村長は某紙の中で、法制定による想いを次のように述べている。

　「―略―　明日香村が日本でただ一つしかない特別措置法により守られることの喜びはもちろんであるが、同時に国民的課題といわれている明日香保存については、村民の生活安定向上並びに生活環境整備に遂行して村民はもちろん、国民に応えなければならない責務を痛感している。第一に「日本人の心のふる里」を訪れる人々のために、歴史的風土や環境の保全をどのように進め、発展させていくべきかを考えるのである。明日香を訪ねる人々が明日香の風土にやすらぎを感じ、古代人の息吹さえ伝わってくる錯覚をおぼえるようなこの風土や文化遺産を保存し、発展させ、あこがれのイメージをこわされないよう村民とともに協力推進し、他の地域とは異なった千数百年の歴史を蘇らせる村づくり、風土の中に歴史が混沌として万葉の風情をかもし出す村づくり、が私に課せられた特別法の一つ目の課題である。二つ目の課題は、住民のための明日香の建設である。歴史的風土や文化財の保存のために厳しい規制を受けているが、幾多の不自由・不便に耐え、生活の安定向上を招来し、たくましい明日を切り開く活力ある村づくりを念願している。特に歴史的風土のうえからも村づくりの中心は農業立村でしかなく、常に農業振興を目指した村づくりを考えていかなければならない。そして村民は歴史的風土の中でそれを守ることに誇りを持ち、生きがいを感じ、より高い文化生活を営むことのできる明日を実現するために村民とともに努力したいと考えている。あくまでも明日香の自然・歴史的風土・文化遺産が損なわれないで、農業振興と保存との調和を図っていくことを村政の目標にしている。」

10　国家的見地からの結実

　明日香村域では保存の対象を、京都市や鎌倉市のような市街地周辺の樹林地とは異なり、村内に点在する建造物及びその周辺の埋蔵文化財を包蔵する農地、宅地等を含め一体的な地域としたため、強い規制の対象となる区域（歴史的風土特別保存地区、風致地区）が村民の生活の場と直接重複することとなり、村民の生活に大きな影響を与えることとなった。そのため、1970 年の歴史的風土審議会答申及び閣議決定により、規制をする一方で生活向上のための生活基盤施設の整備促進等を図ることとし、道路・河川等の整備、歴史公園、資料館の設置等の施策を講じてきたが、必ずしも村民の強い規制のかけられた生活に対する不満を解消することはできなかった。

　さらに、1968 年に新都市計画法が施行され、いわゆる「線引き」制度が導入されるとともに、列島改造ブームの中で、明日香村周辺市町村における市街化区域では宅地開発が急速に進展し、規制の中で現状保存が進められた明日香村との間で格差が拡大した。

　一方、この間にも高松塚古墳の発見等により歴史的風土保存に対する国民の認識はますます高まってきたが、同時に将来への不安を抱く住民の間からはきめ細かな住民対策を求める声が次第に大きくなった。また、奈良県知事及び明日香村長から特別の立法措置を講ずるよう要望書が何度となく提出された。

　以上の経緯から、1979 年 3 月に、明日香村における歴史的風土の保存に国家的な意義を認め、これに対する住民の理解と協力を得るために、いかなる施策を講ずべきかを明らかにするため、内閣総理大臣から歴史的風土審議会に諮問を行ったところ、同年 7 月、国として、国家的見地から明日香村の全域にわたり歴史的風土の保存を行うべきこと及びこれに対する住民の理解と協力を得るため立法措置により講ずべき施策についての答申を得た。

　これを受けて、地域住民の生活との調和を図りながら歴史的風土を保存するための措置を定めた「明日香村における歴史的風土の保存及び生活環境の整備等に関する特別措置法」が 1980 年に制定された。

　それは、ゴールではなくスタートである。

註

1)　ロ号公園とは、国家的な記念事業として、又は我が国固有の優れた文化的遺産の保全及び活用を図るため閣議の決定を経て設置する公園又は緑地のことをいう。

引用・参考文献

あすか古京を守る会　1991『あすか古京（復刻版）』
明日香村　1974『明日香村史』下巻
明日香村　2006『続明日香村史』下巻
古都保存財団　1997『古都保存法三十年史』
奈良県　1981『明日香　特別立法への歩み』

明日香法制定に尽力

犬養　孝

明日香を守った万葉学者

　明日香や大和三山、さらには奈良盆地を一望できる甘樫丘の東側斜面中腹に一つの万葉歌碑がある。そこには『万葉集』巻一の五十一にある志貴皇子の歌が載せられている。

　　婇女乃　袖吹反　明日香風　京都乎遠見　無用爾布久

　　うねめの　そでふきかへす　あすかかぜ　みやこをとほみ　いたづらにふく

　采女の袖が風にひるがえる様子は、きらびやかな宮廷を象徴するものであったが、都が飛鳥から藤原へ遷り、今はもう飛鳥にいない采女たちのことを思いながら、風だけが変わらずむなしく吹いていることを志貴皇子が歌ったものである。まさに都が遷ってからの明日香を歌で表現している。

　この万葉歌碑は単に明日香を偲ぶために設置されたものではなく、開発の波が押し迫る中、明日香風を未だに体感できるこの明日香を守るための防波堤としての想いを込めて犬養孝が揮毫したものである。当該万葉歌碑は犬養の還暦を記念するとともに、大阪大学万葉旅行の100回を記念して建立された。これを契機として万葉歌碑を訪れる人々が急増し、明日香を守るべきという機運が上昇した（明日香村1974）。この万葉歌碑が甘樫丘を開発から守った象徴となり、全国各地の故地や豊かな自然を守る手段として、万葉歌碑の設置が相次ぎ、犬養への揮毫の依頼も多数あった。その結果、全国で141基、明日香村内で15基が設置されている。

　犬養は1907（明治40）年4月に東京都で生まれ、東京帝国大学文学部国文学科を卒業後、横浜第一中学校教諭、台北高等学校教授、大阪高等学

犬養孝氏

犬養孝氏と万葉歌碑

校教授、大阪大学教授、甲南女子大学教授を歴任した万葉学者である。市民講座において万葉集に詠われた地をめぐり、往時を想起しながらその土地の風景・自然現象・そこに吹く風を感じる旅行を開催し、国民に親しみやすい万葉集の普及に尽力した。その中で、万葉集の故地である明日香の保存の重要性を早い段階から提起され、飛鳥に関連する著書も数多く出版されるなど、国民に広く飛鳥保存の必要性を訴えた。1979（昭和54）年に昭和天皇と皇后が甘樫丘へ行幸啓された際には案内役も務めている。また、飛鳥古京を守る会副会長や飛鳥保存財団理事などを歴任するなど、飛鳥保存の中心的な役割も担っていた。明日香法制定を議論する国会では、参考人として文化財の保護や歴史的風土の保存等の必要性について、国文学の立場から説明し、明日香法制定に大きく貢献した（明日香村2021）。1986（昭和61）年にはその功績を称え、明日香村名誉村民の称号を授与されている。

　このように、明日香の保存に多大な功績を残した犬養が、この万葉歌碑に込めた想いを次のように語っている（犬養1978）。

　　「古都を思いながら、万葉の故地のいつまでもつづくように、なくならないように」

　甘樫丘は現在、国営飛鳥歴史公園として整備され、日々多くの来園者で賑わっている。この万葉歌碑が設置される前は甘樫丘へ登る道が整備されておらず、誰も登らない場所であった。設置から50年以上が経過する中で、この万葉歌碑は目まぐるしく変わる明日香の様子を見つめてきたに違いない。

（辰巳俊輔）

引用・参考文献
明日香村　1974『明日香村史　下巻』明日香村史刊行会
明日香村　2021『明日香法―「日本のこころのふるさと」を守り活かす法―』明日香法制定40
　　周年記念誌
犬養　孝　1978『わたしの道　萬葉の道　犬養孝先生を祝う』犬養孝先生を祝う会

第 2 章

「日本のこころのふるさと」を
守り活かす明日香法

明日香法は、文化財や景観をめぐる法制
度や行政とどのように関わりながら進化
してきたのか。明日香法に込められた思
いとともに、その意義を問い直す。

明日香法と飛鳥の発掘

木下 正史

1980（昭和55）年、「明日香村における歴史的風土の保存及び生活環境の整備等に関する特別措置法（以下、「明日香法」という。）」が制定された。2020年は明日香法制定40周年であった。

明日香法は、古都保存法や「飛鳥地方における歴史的風土及び文化財の保存等に関する方策」による国家的な飛鳥の歴史的風土保存策をさらに確かにすることを目指す法である。同法では、村民の生活環境の整備がとくに重視されている。

さて、飛鳥の歴史的風土の原点は飛鳥の広域に埋もれている飛鳥時代遺跡にある。従って、同法の制定は飛鳥の諸遺跡の発掘と、その保存・整備に対しても大きな役割を果たすことになる。現在、「飛鳥・藤原の宮都とその関連資産群」の世界遺産登録へ向けての準備が最終段階に入っている。登録に向けて名乗りをあげることが可能になったのも、明日香法制定による発掘の進展などの取り組みが大きな役割を果たしたことは間違いない。

本稿では、飛鳥での遺跡の発掘調査、研究の歩みを辿りつつ、明日香法が飛鳥の遺跡や時代の解明、遺跡の保存・整備、活用に果たしてきた意義について考えてみたい。

1　飛鳥の研究の始まりと初期の発掘調査・史跡指定

12世紀前半に成立した説話集『今昔物語集』巻31の第35話には、桧隈陵の墳丘南面に「石の鬼形」が立てられているとの記載がある。1702（元禄15）年、この「石の鬼形」に相当する石造物が欽明天皇陵に治定されている梅山古墳南側の小字「池田」の地で発見され、「猿石」とよばれるようになる。賀茂真淵は1768（明和5）年に著した『万葉考』の中で、香山・耳成・畝火の三山

39

に囲まれた真中にある「大宮土壇」の地を藤原宮跡に比定した。1772年、吉野や飛鳥を旅した本居宣長は、川原寺・橘寺・酒船石・飛鳥寺・藤原宮などを訪れ、その旅行記『菅笠日記』に当時の状況を書き残している。また、飛鳥の寺々や古墳は名所として親しまれ、『西国三十三所名所図会』、『大和名所図絵』などが作られ、石舞台古墳の石室や酒船石などを描いた絵図が掲載される。

　1878（明治11）年には明日香村豊浦の古宮土壇付近で金銅製四環壺が発見され、宮内省の所蔵となる。1880（明治13）年、京都高山寺で「阿不幾乃山陵記」が発見・紹介される。これは1235（文暦3）年3月の盗掘記録で、この発見によって、明日香村野口にある「青木御陵」が「桧隈大内陵」すなわち「天武・持統天皇合葬陵」と確定する。翌1881年、宮内省は天武・持統天皇合葬陵を、これまでの五条野丸山古墳から、「青木御陵」へ治定を変更する。1889年には、大官大寺跡の金堂や塔の礎石が橿原神宮の造営資材として搬出され、その後、礎石抜取り穴などの見取り図が記録される。山田寺跡でも明治30年代頃までに多くの礎石が搬出され、その抜取り穴の配置状況が記録される。1902年には明日香村飛鳥の小字石神で須弥山石・石人像が発見され、東京帝室博物館へと運ばれる。1915（大正4）年、喜田貞吉は『帝都』を著し、飛鳥浄御原宮を飛鳥小字石神・ミカド周辺に比定し、飛鳥岡本宮をその北方で、香具山南方の地に推定する。その後、田村吉永によって、明日香村岡の地に飛鳥浄御原宮、その北方の飛鳥寺南方に飛鳥岡本宮を求める説が提唱される。1916年には、明日香村岡小字出水で酒船石類似の石造物が発見され、京都碧雲荘（野村別邸）の庭石として運ばれてしまう。

　飛鳥地域での発掘は大正年間に始まっている。1914年5月、阪合村が牽牛子塚（けんごしづか）古墳の保存整備工事を行い、亀甲形七宝金具、ガラス玉、夾紵棺片（きょうちょ）、女性人骨などが発見される。1925年には川原寺跡、1928年に定林寺跡、1929年に石神遺跡で小範囲の発掘が行われた。前後して、川原寺跡・大官大寺跡（1921）、牽牛子塚古墳（1923）、中尾山古墳、酒船石（1927）が史跡に指定されている。

　飛鳥・藤原地域での本格的な発掘調査は、1933年・1935年の石舞台古墳の発掘、1934年から1943年まで継続された藤原宮跡の発掘に始まる。石舞

台古墳では、外濠や外堤などが発見され、貼石で外装された一辺約55mの方墳と判明する。巨大な横穴式石室の規模や構造など詳細を明らかにする成果もあった。藤原宮跡では、大極殿院・朝堂院の位置、建物の規模や配置が明らかにされ、藤原宮の場所を確定する大きな成果がもたらされた。こうした発掘成果を基に、石舞台古墳は1935年に、藤原宮跡は1946年に史跡に指定され、両者は1952年に特別史跡となる。

　石舞台古墳では紀元2600年祭に合わせて、1937年から1940年にかけて墳丘と周濠の復原整備が計画され、墳丘南辺の貼石と外堤内側の貼石の整備が始まるが、戦争の激化によって中断される。1954年に再開され、同1958年にかけて墳丘裾部と周濠内側の貼石の復原整備が行われる。飛鳥での本格的な史跡整備事業の始まりである。

　石舞台古墳・藤原宮跡以外にも、1935年に橘寺瓦窯、1936年には石田茂作によって石神遺跡の発掘が行われている。石神遺跡では、須弥山石・石人像出土地周辺の発掘が行われ、一帯に重要遺構が埋もれていることが明らかにされる。

　飛鳥での発掘は戦中戦後の混乱期には中断されたが、昭和20年代後半に再開され、1952年に飛鳥寺瓦窯、1953年に橘寺跡・定林寺跡の発掘が行われる。橘寺では、1955〜1957年の発掘によって金堂・塔など伽藍中枢部の構造が明らかにされ、定林寺跡では塔・回廊が発見されている。

　この間、1950年に文化財保護法が制定される。そして、同年、奈良県教育委員会文化財保護課が設立され、翌年には橿原考古学研究所（以下、橿考研と略す）が設置される。1952年には、文化財保護委員会の付属機関として奈良国立文化財研究所（以下、奈文研と略す）が設立される。こうして飛鳥地域の発掘調査を担当する機関が整えられてくる。ただ、これら機関が飛鳥・藤原地域で発掘を行うようになるのは、昭和30年代に入ってからである。

2　吉野川分水設置計画に伴う発掘調査

　吉野川分水設置計画は飛鳥にある重要遺跡の解明に大きく寄与した。計画に伴う発掘は設立間もない奈文研が担当することになり、1956・1957年に飛鳥寺、1957・1958年に川原寺、1959年に飛鳥板蓋宮伝承地の発掘が行われた。

　飛鳥寺では、高句麗式の一塔三金堂式伽藍や百済式の軒丸瓦の採用など、朝鮮半島の仏教文化を直輸入して日本最初の本格的な伽藍が建設されたことが明らかになる。川原寺では一塔二金堂式伽藍で、初めて唐様式の複弁蓮華文軒丸瓦が採用され、唐尺を用いて造営していることが判明する。飛鳥寺・川原寺の発掘によって、朝鮮半島諸国や中国からの仏教文化導入の変遷過程などを具体的に知ることができるようになった。飛鳥寺・川原寺の発掘成果は、その後の初期寺院研究の基幹となっていく。飛鳥板蓋宮伝承地の発掘では、7世紀後半の宮殿遺跡の存在とそれが周辺の広範囲に広がることが明らかにされる。三遺跡の発掘成果は、以後の飛鳥諸遺跡の発掘を期待させたのであった。また、発掘に先立って大縮尺の地図が作成され、発見遺構は国土座標に基づいて実測・記録されたことの意義は大きい。各遺跡の相互の位置関係が正確に記録できるわけで、飛鳥・藤原の都づくりの計画を復原する貴重な情報となっていく。

　1960年以降は、平城宮跡の保存問題が急を告げたため、奈文研は1959年度の発掘をもって飛鳥での発掘調査活動を中断し、平城宮跡の発掘に主力を注ぐことになる。飛鳥板蓋宮伝承地（飛鳥京跡、後に飛鳥宮跡と改称）の発掘は、1960年以降、奈良県に引き継がれ、橿考研が発掘を担当することになり、今日にまで続けられている。

　1966年、「古都における歴史的風土の保存に関する特別措置法」（以下、古都保存法という。）が制定される。この法律によって、鎌倉・京都・奈良・天理・斑鳩とともに、明日香村も古都に指定される。1967年には歴史的風土保存地区、1969年にはさらに歴史的風土特別保存地区が指定され、藤原宮跡も同法の対象となる。こうして飛鳥地域・藤原宮域の歴史的風土保存の網がかけられる。古都保存法制定とも関わって、飛鳥地域の遺跡の史跡指定が進み、1966年に飛鳥寺跡・橘寺境内・定林寺跡、1968年に岩屋山古墳が史跡に指定される。

　奈文研が飛鳥での発掘を中断した1960年頃は、飛鳥・藤原宮地域は無論のこと、その西方の近鉄橿原線沿線地域も農村風景のままで、開発・都市化の波が飛鳥・藤原宮地域に及ぶのは、まだ遠い将来のことと思われた。だが、日本経済の急激な発展に伴って、大阪から約1時間の通勤圏にあるこの地域

の都市化は予想外に急速に進んでいった。まず、藤原宮の北部を斜めに横ぎる国道 165 号線バイパス計画が持ち上がり、1966 年から 1968 年にかけて、奈良県教育委員会によって計画路線地の発掘が行われる。その結果、藤原宮の北・東・西を限る大垣や内裏の北東隅を発見するなど藤原宮の範囲や規模を明らかにする大きな成果がもたらされ、バイパスは藤原宮を西に迂回するルートに変更された。

　いっぽう、飛鳥周辺では、甘樫丘の西に続く五条野丘陵を削る大規模な宅地造成が行われ、開発の波は橿原市と明日香村との境まで急激に迫ってきていた。史跡に指定されている飛鳥の遺跡は多くあったが、指定範囲が狭く限られた史跡も少なくなく、未指定の重要遺跡もあった。開発に対して危険な状況に置かれていたのである。

　そのため、奈文研は飛鳥・藤原地域の遺跡の解明と保存、古代史研究に寄与することを目的として、平城宮跡発掘調査部から少人数の研究員を割いて、飛鳥・藤原地域での発掘調査を再開する。1969 年度には藤原宮の南門地域を発掘し、藤原宮の南限を確定する。飛鳥地域では、1970 年 5 月、飛鳥川左岸の明日香村豊浦に所在する推古天皇の小墾田宮推定地（古宮遺跡）の発掘に着手する。同遺跡は明日香村の西端に位置しており、開発の波及がとくに危惧されたのである。発掘の結果、7 世紀前半期の石組大溝、石組小池・石組小溝・周囲の石敷からなる庭園、掘立柱建物などが発見される。小墾田宮跡とは特定できなかったものの、宮殿ないし有力豪族の邸宅跡と考えられる遺跡が発見されたことの意義は大きい。この発掘によって、7 世紀初頭・前半期の土器の変遷と実年代研究が進展したことも特筆される。

　飛鳥地方の開発の危機は、1970 年初頭に至って新聞紙上に大きく取り上げられ、飛鳥の保存を巡って多くの議論が交わされる。同年 4 月、奈良県は佐藤栄作内閣総理大臣に「飛鳥・藤原地域長期総合保存開発構想」を提出する。5 月 20 日には、「飛鳥古京を守る議員連盟」が発足する。6 月 28 日、佐藤首相が飛鳥を訪れ、甘樫丘など明日香村を視察し、「国・県・村が協力、住民の納得できるような保存をしたい」と発言する。佐藤首相が飛鳥を視察した時、私は小墾田宮推定地の発掘中であった。村の中に、100 億円札を描いたポスターが貼られていたことを思い出す。村民の期待が伝わってくるようであった。

　佐藤首相の飛鳥訪問をきっかけに、1970年12月、飛鳥における規制地区の拡大、環境の整備、便益施設の設置などを盛り込んだ「飛鳥地方における歴史的風土及び文化財の保存等に関する方策」が閣議決定される。そして、1971年から機構・施設の設置など関連事業が具体化し始める。1971年4月には、財団法人飛鳥保存財団（現、古都飛鳥保存財団）が設立され、建設省によって飛鳥国営公園整備の準備が始まる。

　1973年度には、奈文研組織の拡充と調査研究費が認められ、研究員18名の飛鳥・藤原宮跡発掘調査部（以下、発掘調査部と略す。）が発足する。奈文研が1969年から独自に始めていた飛鳥・藤原地域の発掘調査は、国家的な飛鳥保存事業の一環の中に位置づけられることになる。同年、1970年の閣議決定を受けて、奈文研の中に飛鳥資料館準備室が設立される。飛鳥資料館は1975年3月に開館する。

　発掘調査部発足前の1970年から1972年、奈文研によって飛鳥地域でいくつかの発掘が行われた。いずれも民家新築計画に伴う事前発掘であった。1970年には、雷丘の東麓にある雷丘東方遺跡で発掘が行われた。その結果、7世紀後半の溝、8世紀中頃から同末にかけて建て替えられつつ存続する大型建物群が発見された。奈良時代中頃の遺構は、『続日本紀』の淳仁天皇や称徳天皇の記事に登場する「小治田宮」との関連が注目された。

　1972年には、飛鳥資料館建設予定地の上ノ井出遺跡で事前発掘が行われた。北から南西へ傾斜する場所で、大規模遺跡があるとは予想もしなかった。発掘の結果、7世紀後半の大規模な石組暗渠と石組マンホール、大規模な整地跡、大きな柱穴などが発見された。不便な傾斜地にまで土地利用が及んでいたことを示唆する成果であった。

　同年、坂田寺跡で飛鳥国営公園祝戸地区の建設に先立つ発掘調査が行われた。調査地は伽藍中枢部の北西側の低地部にあたり、大井戸、池、石垣などが発見された。「厨」とある墨書土器が発見され、一帯に厨など坂田寺付属施設があることが明らかとなった。池跡出土の土器群は小墾田宮推定地出土土器に後続する7世紀中頃に位置づけられるものであって、飛鳥時代の土器の年代研究はさらに進展していく。

　1972年3月、高松塚古墳で壁画が発見される。鮮やかな絵具に彩られた壁

図1　高松塚古墳西壁女子群像

画は、多くの人々の耳目を高松塚古墳に引き付けた。それは飛鳥の意義を再認識させ、その歴史や風土への愛着を高める大きな契機ともなった。飛鳥を訪れる人が急増し、空前の「飛鳥ブーム」が巻き起こされた。高松塚古墳は1972年に史跡、翌年特別史跡に指定され、1974年に出土遺物が重要文化財に、壁画は国宝に指定されることになる。その後、文化庁によって石室前面に石室内の温湿度などを管理する保存施設が設置され、1976年度からは壁画の修理が開始される。修理は1989年度まで継続される。中国・朝鮮半島諸国の壁画との比較研究が進められ、これら諸国との交流の実態の解明が深められていく。

　高松塚古墳での壁画の発見を契機に終末期古墳の調査・研究が大きく進展する。1974年度には中尾山古墳の発掘が行われ、八角形墳と確定する。1976年度には牽牛子塚古墳が発掘され、版築による構築法が明らかになる。1977年度にはマルコ山古墳が発掘され、高松塚古墳とよく似た構造の横口式石槨が発見されたが、壁画は描かれていなかった。

　1972年10月、明日香村飛鳥字水落で民家新築に伴う事前発掘が行われた。この発掘では、方形建物の柱跡とこれを四角く囲む貼石溝の一部など豪壮な遺構が発見され、飛鳥浄御原宮の西南隅に聳える楼閣状の高殿の可能性が指摘された。明日香村を始め関係各方面の努力もあって、1976年2月、文化庁は「飛鳥浄御原宮跡と断ずることはできないが」「7世紀後半の日本古代史にもつ本遺跡の意義は重要」として史跡に指定する。その後、指定地の公有化

が実現する。

　この時期の発掘は発掘範囲が狭く限られていた。しかし、遺跡の所在が知られていなかった場所での発見も多く、しかも宮殿関連遺跡や邸宅跡と考えられるものがあり、飛鳥の遺跡の全体像を理解する上で意義深い成果もあった。

3　発掘調査部設立以降の発掘調査と遺跡の保存

　発掘調査部の設立によって、飛鳥・藤原地域での計画的な発掘調査が始まる。まず、1974 年、大官大寺の計画調査が始まり、10 年間続けられる。その結果、伽藍配置や壮大な堂塔の構造、寺域が明らかになり、伽藍は藤原京の条坊制に従って建設されていることが明らかになる。また、発掘前の予想に反して、この寺跡は天武天皇建立の大官大寺跡ではなく、文武天皇建立の大官大寺跡と判明し、また、奈良時代初期に、金堂・九重塔・南門・回廊・講堂が全焼したことが明確になる。金堂は間口 9 間、奥行 4 間の四面廂付建物で奈良時代諸寺で流行する建築様式であることが分かり、軒平瓦も平城宮や平城京諸寺で定着する均整唐草文を飾る瓦が採用されていることが明らかとなる。飛鳥様式の伝統をとどめる一方で、平城宮・平城京諸寺で定着する特徴が確認できた点も意義深い。

　1976 年からは山田寺の計画調査が始まり、1994（平成 6）年まで続けられる。伽藍配置は中門・塔・金堂・講堂を南北一直線に配列する百済様式と分かり、金堂は礎石の特異な配置状況から法隆寺金堂よりも古式の建築構造であったことが明らかになる。1982 年・1984 年には東面回廊の発掘が行われ、東面回廊は 10 世紀末から 11 世紀前半頃に、寺域東方からの土石流によって倒壊し、厚い流入土下に埋もれた状態で発見された。回廊は、蓮弁を浮彫りした礎石、軒丸瓦の特徴などから金堂からさほど遅れず、640 年代の造営と分かる。山田寺回廊建築構造は法隆寺回廊と大きな相違があり、法隆寺回廊よりも 50 年ほど遡る世界最古の木造建築が明らかになる。その後、南門・南面大垣と外壕、北面大垣、宝蔵が発見され、伽藍の全容がほぼ明らかにされる。

　1979 年から 1982 年には、檜隈寺跡の計画調査が行われる。金堂・講堂・中門・回廊が発見され、他に例を見ない伽藍配置であったことが明らかになる。檜隈寺は 7 世紀前半に小寺院として始まり、天武朝に金堂や中門、藤原宮期に塔・

講堂が建築されて伽藍全体が整備されたことが判明する。講堂基壇は瓦積みで化粧されており、渡来系氏族の氏寺の特徴を備えていることも明確になる。

1976年、飛鳥川上流の稲淵川西岸の狭い平坦地で、飛鳥国営公園祝戸地区の駐車場建設計画に伴う事前発掘が行われた。調査の結果、7世紀中頃造営の正殿・後殿・脇殿を規則的に配置した大型建物群と建物間の石敷を発見する予想もしなかった成果があった。建物配置や石敷は宮殿の中枢部と共通する特徴があり、仮宮や皇子宮跡である可能性が指摘され、1979年に「飛鳥稲淵宮殿遺跡」の名で史跡に指定された。

掘立柱建物の作り方は、まず柱掘方を掘り、柱を埋め立てた後、建物下に盛土して低い土壇を築く工法であることが分かった。こうした工法の建物の発掘では小さな柱穴あるいは柱抜取り穴を見つけ出して、建物の存在や構造を明らかにしていかなければならない。こうした難しい発掘を経験できたことは飛鳥の発掘史上、意義深いことであった。

1977年には、飛鳥寺北方で民家新築に伴う発掘が行われた。その結果、飛鳥寺の北面大垣と北外濠が発見され、飛鳥寺の寺域は南北3町であったことが明確になる。飛鳥水落遺跡は飛鳥寺北西隅から西へ約80mのところに位置することになり、飛鳥浄御原宮跡を飛鳥水落遺跡の東方からその北方一帯に求める説は成立し難くなってくる。

同じ頃、奥山集落西辺で、斉明紀に見える「狂心の渠」跡と見られる南北大溝が発見される。奥山久米寺南方では、奥山久米寺の南を限る東西掘立柱塀と、その南に沿って7世紀中頃の東西道路跡が発見される。

このように、奈文研による計画調査は大官大寺・山田寺・檜隈寺など寺院跡の伽藍構造を解明する調査に限られており、宮殿遺跡は計画調査の対象とはされてこなかった。ただ、先にも記した飛鳥水落遺跡や飛鳥稲淵宮殿跡は民家新築等に伴う事前調査によって偶然発見された重要遺跡であり、国史跡に指定、保存された遺跡である。

また、大官大寺跡の発掘では、寺院遺構下層の広範囲から掘立柱建物群、掘立柱塀、石組井戸、土坑など7世紀第3四半期と第4四半期の遺構が発見されている。発掘範囲が限られたため、下層遺構の広がりや構造、性格までは明らかにできていない。1980・1981年には、村道建設工事に先立って大官

大寺跡西方で発掘を行い、南北300m以上に及ぶ大規模な整地跡が発見された。この整地は大官大寺の西辺まで及んでおり、整地の時期は7世紀第2四半期に遡る。一帯は、古くからの飛鳥岡本宮・後飛鳥岡本宮の推定地の一つであって、それとの関連を含めて、整地の性格の解明が重要な課題となった。

飛鳥稲淵宮殿跡や上ノ井手遺跡など傾斜地や狭い平坦地で重要遺跡が発見されたことは意義深い。飛鳥の土地利用は、7世紀中頃以降には相当に徹底したものとなっていたのである。『日本書紀』や『万葉集』によると、天武天皇の皇子宮は、飛鳥盆地の平坦地や盆地東辺の傾斜地に営まれ、盆地外の香具山北方地域すなわち後の藤原宮付近にまで及んでいる。蘇我倉山田石川麻呂の山田家、中臣氏の大原第なども盆地東辺の傾斜地に位置する。傾斜地や狭い平坦地発見の遺跡は、皇子宮や豪族層の邸宅の分布や立地などの解明の手がかりとなるはずである。初期の発掘によって、こうした濃密な土地利用の様子が明らかになったことの意義は大きい。

1972・1973年度には、川原寺跡の史跡整備が行われており、伽藍中枢部の塔基壇、西金堂基壇、中門と回廊、南門の一部、僧坊などが整備された。南面回廊では、原位置に残る礎石が露出表示され、礎石が失われていた東面回廊では合成樹脂による偽礎石を柱位置に設置する表示法がとられた。僧坊では三部屋からなる僧坊の一単位が平面で示されている。この整備によって川原寺伽藍中枢部の規模や構造、各堂塔の平面構造が理解し易くなった。ただ、これまで水田や畑が広がる景観が大きく変わったこともあってか、評判は決して良くなかった。同年、飛鳥板蓋宮伝承地（現、飛鳥宮跡）が史跡に指定され、建物や塀の柱位置、石敷、大井戸が整備されたことで、内郭北東部の様子が分かり易くなった。

4　飛鳥板蓋宮伝承地（飛鳥宮跡）の発掘

飛鳥板蓋宮伝承地の発掘は、1960年以降、奈良県に引き継がれる。まず、奈文研が「南方遺構」と呼んだ柱列の延長部を確認する発掘が行われ、柱列は一郭の北を画する施設であることが明らかになり、「一本柱列」と呼ばれるようになる。一本柱列の南側では、高床の大型掘立柱建物や石敷、大井戸などが発見される。その後、1965年度まで、東一本柱列の調査が進められ、

一本柱列による区画が南北200mに及ぶことが明らかになる。この一郭を「内郭」と呼ぶようになる。

　1965・1966年度には、東一本柱列の東北方約100mの飛鳥盆地東縁で南北石組溝2条が発見され、飛鳥宮跡の東限解明の発端となる。北一本柱列の北方では、北一本柱列の雨落溝からの水を北・西に排水する大規模な石組溝が発見され、溝内や西方から名代・子代の部民名を記した木簡が発見される。飛鳥宮跡での初めての木簡の発見であり、これによって、この遺跡が宮殿遺跡であることが確実となる。

　1973年には、一本柱列区画内の北部地域が発掘され、多数の高床掘立柱建物・塀・石組溝・石敷が発見される。建物は整然と配置されており、建物外は全面石敷舗装されていることが明確になる。また、下層から南北130m以上にわたって平行して延びる2条の掘立柱塀が見つかり、下層にも大規模な遺構があることが明確となる。上層と下層とは、計画を根本的に異にしており、同一場所に複数時期の宮殿遺構が埋もれている可能性が高まる。1974年以降は東外郭を確認する調査が行われ、また、重層する遺構の年代研究が進展する。まず、東一本柱塀の東約106m（1町）で、宮殿の東を限る南北掘立柱塀とこれに平行する南北石組溝が発見される。掘立柱塀は5条あり、7世紀中頃以降に造られ、ほぼ同位置で造り替えられつつ、8世紀後半頃まで維持されたという。1975年には、この地点の北方で石組外濠が発見され、その下層の土坑から木簡や土器が出土した。木簡には、「大花下」「小山下」など649年（大化5）2月から664年（天智3）2月まで使用された冠位19階制の冠位名を記したものがあり、伴出土器も7世紀中頃のものであった。その結果、上層宮殿はこれら木簡が示す年代を遡らないこと、また、下層に木簡が示す時期の宮殿跡がある可能性が示唆された。

　1977年、明日香村役場東方の字「エビノコ」で駐車場設置に伴う事前調査が行われた。その結果、東西9間、南北5間の四面廂付きの大規模な高床掘立柱建物が発見され、建物周囲は石敷、その外側は全面礫敷とすることが明らかとなる。整地層出土土器によって、建物は7世紀第4四半期以降に建設されたことが分かり、建物は地名によって「エビノコ大殿」と仮称される。かつて「西門」が発見されており、「エビノコ大殿」を囲む「エビノコ郭」

があることが分かり、飛鳥宮跡は内郭・外郭・エビノコ郭の三郭から構成されていることが明らかとなった。

1979年には内郭南部が発掘され、内郭の中軸線上で東西7間、南北4間の四面廂付高床建物と礫敷が発見される。その後、この建物の南方で内郭の南を限る一本柱塀と南門が発見され、内郭正殿の存在と内郭の規模が明らかとなる。

以上のほか、1972・1973年には、蘇我馬子の嶋宅や草壁皇子の嶋宮の所在が推定される大字島ノ庄で、県営農免道路整備事業や国営公園建設に伴う発掘調査、その後、レストラン建設に伴う発掘調査が行われる。これらの発掘によって、一辺42mの方形石組池や幅10m余の堤、池の東側一帯で掘立柱建物・掘立柱塀・石組溝が発見される。方形池は7世紀初頭に築かれ、7世紀末まで存続し、平安・鎌倉時代に廃絶したことが明らかとなり、馬子が嶋宅内に設けた池跡である可能性が高まる。建物や石組溝には、東南から西北ないしこれと直交する方位で造営されたものと、真東西・真南北方位で造営されたものとがあり、島ノ庄一帯には複数時期の大規模遺跡があることが明らかになってくる。

5 明日香法制定と発掘調査の進展

以上のように、1980年頃までの発掘調査によって、飛鳥寺・川原寺・大官大寺・山田寺・檜隈寺など主要寺院の解明が進む。飛鳥宮跡では内郭と外郭、エビノコ郭など宮殿構造の概略が分かり、下層にも宮殿遺構があることが明らかとなってくる。また、飛鳥盆地内や周辺の所々で、宮殿や邸宅に関連する遺跡が見つかり、遺跡が濃密に分布することや空間利用が徹底したものになっていたことが分かってくる。だが、発掘面積は狭く限られ、個々の遺跡の全貌は知るよしもなく、遺跡相互の関係は捉え難い状態であった。計画的な発掘調査を実施しなければ打開できないところに至っていたのである。

このような状況にあった1980年、明日香法が制定される。それを契機に、飛鳥地域の諸遺跡の解明とその保存は大きく進展することになる。これまでの奈文研・橿考研に加えて、明日香村に文化財課が設置され、発掘調査を担当するようになる。発掘調査体制は一段と整備されてくる。

発掘調査部では、調査員の増員と調査費の増額が認められ、飛鳥の宮殿遺跡の計画的発掘調査を開始する。当時、飛鳥寺の北方から香具山南麓にかけての一帯は、古くからの飛鳥岡本宮・後岡本宮・飛鳥浄御原宮の推定地でありながら、未発掘のままで、遺構の状況はほとんど不明であった。そこで、1981年度から飛鳥寺の北から香具山南麓にかけて、順次、発掘していく計画を立てた。1981年には、まず飛鳥寺の北西方に隣接する石神遺跡と、同遺跡の西南方にある飛鳥水落遺跡の史跡整備に伴う発掘を実施した。

石神遺跡は1902年に須弥山石・石人像が掘り出されたところで、その発掘は長年の懸案であった。飛鳥水落遺跡では、1972年度に発掘できなかった部分の発掘を行い、遺跡の性格を明確にする必要があった。一帯は、1912年に喜田貞吉が提唱して以来の飛鳥浄御原宮推定地の一つであり、一帯の発掘は諸宮の所在地や構造を明らかにする上で、欠かすことのできない重要な場所であったのである。

石神遺跡では1936年に石田茂作が発掘した地点を含めて再調査を行った。その結果、須弥山石・石人像の造立地は特定できなかったが、本来の造立地も近くであったことが推定できた。石造物出土地周辺では数条の石組溝と石

図2　整備された飛鳥水落遺跡

敷が再確認された。石敷の南縁では東西棟掘立柱建物とその東西に取り付く掘立柱塀が発見され、塀の北方に宮殿関連遺構が広がっていることが示唆された。石田の調査では遺構群の時期関係は不明であったが、石組溝群は7世紀中葉、石敷は7世紀後半と少なくとも2時期にわたることを明らかにできた。

　飛鳥水落遺跡では、4間×4間の正方形平面の楼状建物と掘込地業・版築基壇、基壇周囲の石貼が発見された。柱は、基壇中に据えた礎石の凹穴の中に根元を挿し込み、その後に基壇土を盛り上げて埋め立てており、礎石間には大きな川原石を並べ、礎石の外側にも石を並べる特異な工法で建設されていることが分かった。大変堅固に造られていることから、楼状建物は特殊な機能をもつ建物と推定できたのであった。

　総柱建物の基壇中からは、漆塗木箱、導水・排水用の木樋暗渠、木樋内の水流を調整する桝、導水用木樋暗渠から揚水する銅管、少量の水を建物外の北に導く小銅管など水を使う一連の施設が発見された。建物中央にある大型漆塗木箱は、基壇中に据えた大きな切石上に安置されており、その北寄りに小型漆塗木箱が入れ子のように納められていた。両木箱の底には細砂の付着が認められ、ともに貯水槽と判断できた。木樋暗渠や小銅管は基壇周囲の貼石下を抜けるように埋め込まれていた。楼状建物の周囲では、それを囲むように掘立柱建物が発見された。

　飛鳥水落遺跡は、遺構の内容や諸特徴から『日本書紀』660年（斉明6）5月の記事に見える皇太子中兄大皇子が日本で初めて造った漏刻施設の跡と見てよく、楼状建物の一階に漏刻、二階に飛鳥の宮都に時刻を知らせる鐘鼓を据えた漏刻台の遺構と考えることができた。当時、宮殿を含めて『日本書紀』に記された政治施設の遺跡は確定できておらず、初めてそれを確定できた点でも意義深いものであった。

　1972年の最初の発掘では、全域の発掘が叶わなかったが、遺跡の構造や性格の解明にとってそれは幸いであったと思う。飛鳥では、発掘遺構の年代を『日本書紀』記載の年代に読み替えることが大切である。飛鳥時代の土器の編年と実年代研究は、この10年間に大きく進み、『日本書紀』記載の施設の年代と実際の遺構の年代を対比して考えることができるようになっていた。1972年頃は、飛鳥水落遺跡出土土器は7世紀後半頃のものと言える程度

であったが、1981 年頃には、660 年頃の土器と特定できるようになっていた。また、飛鳥水落遺跡の遺構は大変複雑に入り組んでおり、その発掘は大変難しいものであった。1972 年当時、こうした複雑な遺構を的確に発掘できたかどうか大変疑わしい。飛鳥での発掘の蓄積がそれを可能にし、発掘を成功に導いたことを強調しておきたい。

このように、石神・飛鳥水落両遺跡の発掘は、明日香法施行を記念するかのごとく大きな成果をもたらした。それは、これまでの 10 年間に蓄積された飛鳥の宮殿関係遺構の発掘方法の開発、遺構・遺物の実年代研究の進展に負うところが大きかったのである。なお、飛鳥水落遺跡の整備では、建物の柱位置を示し、水利用の施設は平面表示するとともに、貼石施設はそのまま露出する方法がとられた。整備は 7 年間続けられ、1987 年に終了する。

6　明日香法制定後の発掘調査

明日香法施行によって、飛鳥地域では奈文研・橿考研・明日香村文化財課が発掘を担当するようになり、多くの重要な成果がもたらされるようになる。

奈文研発掘調査部は、石神遺跡・飛鳥池遺跡・甘樫丘東麓遺跡などで大規模な発掘調査を行い、多大な成果をあげている。

石神遺跡では、10 数年以上にわたって発掘が続けられ、斉明朝の宮殿付属の服属儀礼施設の大要が明らかにされた。斉明朝の遺構は 3 時期に区分され、最も整備された最終期には、飛鳥水落遺跡との間を屋根付きの掘立柱大垣で区切り、北・東も掘立柱塀で囲む南北約 180m、東西 140m 以上の範囲を占めたことが明らかとなる。区画の中には長大な建物で囲まれた東西二つの区画が設けられる。西区では、内部に正殿などの大規模な高床建物群が配置され、建物外は全面石敷となる。東区との間には大井戸や井戸からの石組溝・石組暗渠などが設けられている。

その後、天武朝と藤原宮期には官衙施設が設けられ、遺跡の北方域から天武・持統朝頃の 3,000 点以上に及ぶ木簡が発見される。木簡群は、その頃の社会や行政の実態、官衙施設の在り方などを生々しく知る貴重な史料となった。一連の発掘成果によって、この地に飛鳥浄御原宮跡を求めるのは難しくなった。

　飛鳥寺東南方の谷間にある飛鳥池遺跡では、1996～1999年に、奈良県立万葉文化館の建設に伴う発掘調査が行われた。その結果、金・銀・銅・鉄製品、ガラス製品、玉製品を作り、日本最古の富本銭を鋳造した国営工房跡の全容が明らかにされた。天武朝頃の木簡が8,000点余発見され、工房の稼働や製品管理の実態が知られるようになる。また、「天皇」の記載がある木簡があり、天皇称号が天武朝まで遡ることが判明する。北部地区では、道昭の東南禅院と関わる木簡が多く発見され、飛鳥寺の多彩な活動が明らかになる。

　甘樫丘の東南の谷間に位置する甘樫丘東麓遺跡では、7世紀前半、後半、末葉の三時期に造営された掘立柱建物、掘立柱塀、石垣、溝、大規模な整地跡が発見された。7世紀前半期の遺構は、焼土層、焼けた壁土、炭化材を伴い、『日本書紀』皇極3年3月条に見える蘇我蝦夷の上宮門・入鹿の谷宮門との関連が注目されたが、確認には至っていない。ただ、甘樫丘東南麓一帯での活発な土地利用の様子が分かったことの意義は大きい。

　以上のほか、豊浦寺講堂下層での豊浦宮の可能性が高い掘立柱建物の発見、雷丘北方遺跡での皇子宮と見られる大規模建物群の発見、飛鳥諸寺をはるかに凌駕する壮大な金堂跡・九重塔跡を伴う舒明天皇創建の百済大寺の発見は特に大きな成果として特筆される。

　橿考研は、飛鳥宮跡・飛鳥京跡苑池・小山田古墳など重要遺跡で継続して調査を行い、多くの成果をあげてきた。飛鳥宮跡では内郭中心部の発掘を行い、内郭中軸線上で南北に並ぶ同規模・同構造の二つの正殿を発見するなど飛鳥宮中枢部の構造が明らかにされる。飛鳥寺南方の発掘では東西石組大溝などが発見され、宮域の北限がこの辺りまで及ぶ可能性が示される。外郭東北部の発掘では、「大津皇」「辛巳年」などの記載がある木簡が発見され、飛鳥浄御原宮との関連が注目された。内郭中央部の下層からは、北で西に20度ほど振れる方位で造営された掘立柱建物が発見される。柱穴は一辺1、2mと大きく、柱抜取り穴に焼土や炭が混入することから、舒明天皇の飛鳥岡本宮の遺構と考えられるようになる。これまでの発掘調査によって、飛鳥宮跡の遺構群はⅠ・Ⅱ・Ⅲ期の三期、さらにⅢ期はⅢA期、ⅢB期に区分され、Ⅰ期は舒明天皇の飛鳥岡本宮、Ⅱ期は皇極天皇の飛鳥板蓋宮、ⅢA期は斉明天皇の後飛鳥岡本宮、ⅢB期は天武・持統天皇の飛鳥浄御原宮に比定される

ようになる。ただ、Ⅰ・Ⅱ期の遺構は、上層にあるⅢ期遺構を保護するために ごく部分しか発掘できておらず、多くの課題が残る。

　Ⅱ期遺構は飛鳥盆地東寄りに中心部があり、掘立柱塀や回廊状施設、石組溝などで囲む東西約190m、南北198m以上の一画があることが明らかにされている。真南北方位で造営されているが、区画内部の建物については不明なままである。

　ⅢA期宮殿は内郭と外郭とからなるとされる。内郭は屋根のある掘立柱塀で囲まれ、南北約197m、東西152〜158mの逆台形状の範囲を占め、その中軸線上に南門が開く。内郭は南区と北区とに分かれ、南区の中央に正殿が建ち、その東西に複数の脇殿がある。北区の中央には、東西に小殿を持つ正殿が南北に2棟配置されており、正殿の周囲は全面石敷舗装されている。外郭には掘立柱建物があり、官衙などの存在が想定されるが、詳細は未明である。

　ⅢB期宮殿は、ⅢA期の内郭・外郭をほぼそのまま踏襲しつつ、内郭の東南方に「エビノコ大殿」・「エビノコ郭」が新建される。「エビノコ大殿」は、天武10年紀（681）に見える「大極殿」にあたると考えられている。

　飛鳥京跡苑池は飛鳥宮内郭西北方に位置する。1998年度に、1916年に「出水酒船石」が発見された地点を含めて最初の発掘が行われ、大石を垂直に積んで護岸した大きな池跡、池へ導水する石造物が発見され、出水酒船石は導水施設の一部であることが明らかにされる。2010年からは、飛鳥京跡苑池の復原整備に伴う発掘調査が始まり、今日まで続けられている。その結果、南池と中島・渡堤・北池・北へ向かう水路・周囲を囲む掘立柱塀・掘立柱建物などが発見され、苑池の概要が明らかになる。南池は南北55m、東西65mほどの扇形、北池は南北52m、東西36mほどの隅円長方形状をなし、岸辺は直線的で、垂直に石積み護岸する特徴がある。北池北岸では池水を排水する落とし口が発見され、石積みで護岸する幅6〜10数mの水路が北へ、そして西へと延びる。苑池は南北230m以上に及ぶ。

　苑池は斉明朝に作られ、天武朝頃に改修されたことが明らかにされており、とくに北池東北隅では水辺祭祀施設を設ける造り替えが行われている。飛鳥京跡苑池は天武紀に「白錦後苑」、持統紀に「御苑」と見える苑池にあたり、平安時代初期に機能を終えている。苑池からは、「嶋官」や薬の処方箋、薬

草名などを記した木簡が出土しており、植物種子の出土、花粉分析から果樹や植物が植えられ、薬園を含むさまざまの機能を果たしたようである。岸辺が直線的で、垂直護岸であることなど東アジアの宮廷庭園からの影響が窺えるが、天武朝頃に洲浜状岸辺へ改造するなど、日本化の動きも芽生えている。

　飛鳥宮跡では内郭が史跡となっており、公有化が進んでいる。外郭とエビノコ郭は指定地外である。ただ、外郭では、古都保存法による公有地が増えており、遺跡の破壊を免れている。飛鳥京跡苑池は広い範囲が史跡となっており、公有化も進んでいる。

　明日香村文化財課でも、酒船石遺跡・島庄遺跡・飛鳥寺西方遺跡など宮殿関連遺跡で継続的な発掘を行い、重要な成果をあげてきている。雷丘東方遺跡では大井戸が見つかり、井戸の底から「小治田宮」などとある墨書土器が発見された。井戸枠は、年輪年代測定によって758年＋αの伐採と測定され、雷丘東方遺跡の一帯は『続日本紀』に記された奈良時代中頃から平安時代中頃にかけて存続した「小治田宮」跡と確定する。

　酒船石遺跡では、丘陵北斜面の中腹で、大規模な整地跡と天理砂岩切石を積み上げた石垣が発見される。その後、丘陵南側で裾部から中腹にかけて花

図3　整備された酒船石遺跡

崗岩切石の大石を積み上げた石垣が見つかる。天理砂岩切石による石垣は丘陵奥部や酒船石がある丘の南側丘陵まで及んでいることが明らかになり、酒船石遺跡は斉明紀に見える「宮の東の山に石垣を築いた」とある遺跡であることが明らかになる。北側の谷奥では、給水施設・小判形石槽・亀形石槽と周囲の石敷などが発見され、水を使う天皇祭祀施設跡である可能性が高まる。広域が史跡に指定され、小判形石槽・亀形石槽遺構は保存処置を講じた上で、発見時の姿で見学できるよう整備されている。

島庄遺跡では、石舞台古墳の西側で複数時期の大型建物群が発見され、蘇我馬子の嶋宅、草壁皇子の嶋宮の解明が進む。川原寺南門の南や川原下ノ茶屋遺跡では、飛鳥宮に向かう東西道路を発見する成果があった。飛鳥寺西方遺跡では、広範囲で石敷施設が発見され、斉明紀・天武紀に記された服属儀礼施設の広がりや構造の解明が進む。石敷広場の中心部では石敷を破壊する掘立柱建物が発見され、壬申の乱の際に設けられた近江朝側の軍営との関わりが注目された。

明日香村文化財課では、マルコ古墳・カヅマヤマ古墳・牽牛子塚古墳・中尾山古墳などの終末期古墳、後期の真弓鑵子塚古墳・都塚古墳の発掘を行い、天皇陵古墳の変遷や構造の特徴を明らかにするなど多大な成果をあげている。たとえば、マルコ山古墳は六角形墳と分かる。真弓鑵子塚古墳は径約40mの二段築成の円墳と確認され、渡来系の特色を持つ巨大な横穴式石室の全容が明らかにされる。牽牛子塚古墳は八角形墳と分かり、凝灰岩切石積みで外装していることが明らかになる。牽牛子塚古墳の東南方では越塚御門古墳が発見され、牽牛子塚古墳は斉明天皇陵、越塚御門古墳は大田皇女墓である可能性が高まる。中尾山古墳は自然石で化粧した三段築成の八角形墳と確認され、文武天皇陵説が有力となる。そして、マルコ山古墳では六角形墳の姿に復原され、牽牛子塚古墳では、凝灰岩切石による外装を含めて当初の墳丘の姿に復原する整備が行われている。

また、橿考研では、束明神古墳の発掘を行い、凝灰岩切石積みの特異な構造の石室が発見され、草壁皇子墓である可能性が高まる。明日香村川原の甘樫丘東南端の丘陵尾根上では小山田古墳が発見された。一辺80mを超える飛鳥最大の方墳で、榛原石を積み上げて外装していること、巨大な横穴式石

室を伴うことなどが明らかになる。築造年代は7世紀中頃とされ、舒明天皇初葬陵説や蘇我蝦夷墓説が提示されている。

　橿原市文化財課では、甘樫丘の西部に立地する植山古墳や菖蒲池古墳の発掘を行っている。植山古墳は東西40m、南北約30mの長方形墳で、並列する2基の横穴式石室と家形石棺が発見され、竹田皇子墓と推古天皇の初葬墓である可能性が高まる。菖蒲池古墳は一辺約30mの二段築の方墳と確認され、史跡地は墳丘を含む周辺にまで拡大される。宮内庁が管理する天皇陵・陵墓参考地でも新しい成果があった。天武・持統天皇合葬陵は凝灰岩切石で外装した五段築の八角形墳と判明する。五条野丸山古墳では、後円部で横穴式石室が偶然口をあけたため、宮内庁では石室内の記録を作成・公開する。その結果、欽明天皇陵説、蘇我稲目墓説など被葬者をめぐって議論が白熱することになる。梅山古墳では、くびれ部に造り出しがあることが分かり、墳丘裾部斜面は貼石で化粧していることが明らかになる。

　最も注目を集めたのは高松塚古墳とキトラ古墳である。キトラ古墳では、1983年にファイバースコープによって北壁から玄武像が発見される。明日香村文化財課が1997年度に墳丘の発掘を行い、古墳の規模・形態が判明する。小型カメラによって新たに白虎・青龍・天文図が発見される。キトラ古墳は2000年に特別史跡となり、翌年、南壁で朱雀図が発見される。以降、キトラ古墳の壁画の保存と調査は明日香村から文化庁に引き継がれ、国家的事業として進められることになる。2004年には、石室内の調査が行われ、大刀金具、玉類、漆塗木棺が発見される。青

図4　キトラ古墳南壁の朱雀

龍・白虎を描いた漆喰壁は剝落寸前の状況にあることが分かる。石室内で壁画を保存・修理するのは困難と判断され、壁画は、漆喰層ごと剝ぎ取って仮修理施設で修理することになる。修理は2010年まで継続される。

　高松塚古墳でも壁画の保存環境が悪化していることが明らかとなる。その矢先の2004年、白虎が著しく劣化していることが分かり、その保存対策が急務となる。文化庁は「国宝高松塚古墳壁画恒久保存対策検討会」を設置して、保存方法の検討に入る。劣化原因や保存環境を調査した結果、現地での保存環境の維持や壁画の修理、保存は困難と判断され、文化庁では壁画を石室ごと解体して保存・修理を行うことを決定する。2007年、石室の解体が実施され、壁画の修理は仮修理施設で10年余にわたって続けられる。今後は、古墳の近くに保存施設を建設して、古墳の旧位置に戻せる条件が整うまで、壁画の公開を図っていく方針であるという。なお、高松塚古墳では2008・09年に仮整備が行われ、径約23mの二段築円墳が旧状に復原された。

＊

　1933年の石舞台古墳の発掘以来、わが国最初の伽藍寺院・飛鳥寺、国家仏教の中心寺院の大官大寺、政治の中枢施設である飛鳥宮、宮殿付属の官衙や服属儀礼の施設である飛鳥水落遺跡・石神遺跡、天皇祭祀の施設である酒船石遺跡、官営工房の飛鳥池遺跡、宮殿付属の飛鳥京跡苑池、天皇特有の墳墓形式である八角形墳の牽牛子塚古墳・中尾山古墳、支配者層の世界観を壁画に描いた高松塚古墳・キトラ古墳など飛鳥時代の歴史・文化を彩った諸施設の構造や特徴が明らかにされてきた。これらの諸遺跡は、日本が中央集権国家をどのように作り上げていったのかを物語っており、それは東アジアとの濃密な交流によって受容され、日本古来の伝統と融合しつつ形成されたものであることを示している。

　「飛鳥・藤原の宮都と関連資産群」の構成資産の内容と価値は、石舞台古墳の発掘以来の長年の発掘調査、とくに「明日香法」の制定以降の計画調査によって明確にされてきたものである。飛鳥・藤原地域での宮都研究の蓄積と成果は世界に冠たるものである。50年余の間、毎日発掘が続けられてきたが、発掘した面積は10％に満たない。しかも遺跡は幾重にも重層している。飛鳥の発掘はまだまだ続き、飛鳥の古代史や文化の実像はより豊かに復原さ

れていくであろう。飛鳥地域の地下は大きな可能性を秘めており、まさに
「古代史・古代文化の無尽蔵の宝庫」なのである。世界遺産への登録は飛鳥・
藤原の宮都が持つ価値をより鮮明にし、より豊かにするきっかけとなって
いくであろう。

　飛鳥の歴史空間はもっと広く、深く関連する遺跡は橿原市の藤原宮・京
域、桜井市の磐余・阿倍の地、高取町北部にまで及んで発見される。その
中には、天皇の仮宮、皇子宮、百済大寺、豪族層の氏寺、官人層の居宅、
渡来氏族の居宅、軽市、下ツ道・中ツ道・上ツ道などの官道、運河、終末
期古墳などなど重要遺跡が数多くあり、しかも面的につながっている。た
だ、これら地域には「明日香法」は及ばない。これら地域の遺跡の発掘や
保存・整備は、基本的には文化財保護法によって対応しなければならない。
飛鳥関連遺跡の全体的な解明と保存には、より包括的な方策を整えること
が必要となる。

進化し続ける明日香法
古都保存法から歴史まちづくり法まで

古澤　達也

1　明日香村保存計画に込められた想い

　「奈良県高市郡明日香村（以下「明日香村」という。）は、大化の改新を経て我が国の律令国家体制が初めて形成された時代の政治の中心的な地域であるとともに、飛鳥文化が開花した時代の舞台となった地域である。このため、明日香村の全域にわたって宮跡、寺跡、古墳等の遺跡、万葉集にうたわれた著名な地形・地物等の重要な歴史的文化的遺産が数多く存在し、これらが周囲の環境と一体をなして、他に類例を見ない極めて貴重な歴史的風土を形成している。この極めて貴重な歴史的風土の中において住民生活が営まれていることにかんがみ、歴史的風土の保存と住民生活の安定及び農林業等産業の振興との調和に十分配意しつつ、明日香村における歴史的風土が将来にわたっても良好に保存されるようにこの計画を定めるものとする。」

　これは、「明日香村における歴史的風土の保存及び生活環境の整備等に関する特別措置法」（以下、「明日香法」という。）第2条第1項に基づき定められた「明日香村歴史的風土保存計画」の冒頭部分である。

　内閣総理大臣が定める行政文書であるだけに、一見、無味乾燥な文言だが、ここに至るまでには、関係各位の様々な議論の集積があった。

　よく知られているように、明日香法は古都保存法[1]の特別法として制定されている。一般的に法制度は「既存の法制度が一つの判断基準となり次の新しい制度が生まれてくる場合が多い」。特に、古都保存法や明日香法のような「土地利用規制制度は、憲法第29条に規定する財産権の保障と公共の福祉のための財産権の制限の関係を現実に適用する」ものであるため「土地利用規制の強さと損失補償等の関係は常に法制上の大きな論点」となり、「そ

の関係は法制度の発展に伴い整理」されてきた（舟引敏明 2020）。従って、古都保存行政全体からみた明日香法の位置づけを理解するためには、古都保存法をはじめとする「関連制度の進化・進展を時系列順に見ていく」ことが必要である。

本稿では、

①明日香法の源流となった古都保存法、1970（昭和 45）年閣議決定における議論を時系列的に見るとともに、

②明日香法制定後の議論、特に「創造的活用」という概念を明示した第三次明日香村整備計画の策定に至る経緯を概観する

ことにより、古都保存行政全体からみた明日香法の位置づけについて概括する。

2 明日香法の原型―古都保存法の制定―

(1) 昭和 30 年代後半に広がった宅地開発と反対運動

古都保存法は、昭和 30 年代後半の急激な都市化に伴う宅地造成から、京都、奈良、鎌倉等の「古都」における「歴史的風土」を守ることを目的として、1966 年に議員立法として制定されたものである。

今から約 60 年前、高度経済成長期にあったわが国では、三大都市圏に地方部から人々が一気に流入し、各地で人々の住まいを提供するための宅地開発が急ピッチで進められていた[2]。

宅地開発は機械力による地形地物の破壊が伴うため各地で反対運動が繰り広げられ、かつての都や幕府が開かれた京都、奈良、鎌倉でも、その後の古都保存法制定の契機となる宅地開発問題が持ち上がっていた[3]。

(2) 御谷騒動

古都保存制定の契機の一つとなった宅地開発問題に、神奈川県鎌倉市の御谷開発問題がある。

御谷とは、鎌倉市鶴岡八幡宮の裏山西の谷の俗称で、源頼朝が鎌倉幕府開設にあたり八幡宮の重要役職の一つに加えた公僧の宿坊があったところから、これを敬って命名された土地である。

鎌倉は谷戸地形が多く、宅地開発されると山のひだから突然目の前に造成面が現れる風景の変容が目立ち、次々と行われる宅地開発は「昭和の鎌倉攻め」と形容され、地元住民を中心に開発に対する懸念と反対運動が広がりつつあった。

図1　1964（昭和39）年当時の御谷 （出典：鎌倉市役所）
地主から依頼を受けた事業者によって、樹林が刈り取られている。

中でも、1964年1月、御谷の山肌約1.5 haを宅地化する開発計画が持ち上がると、地元住民、市民団体、文化人、学者、僧侶、一般市民による反対運動へと広がっていった。

反対運動は、地元住民による風致の喪失、豪雨時の出水、土砂崩れの危険、谷戸への進入道路の狭小等を懸念する声に始まり、ついで「自然を守る会」「頼朝公報恩会」その他の団体が相次いで反対を表明、「御谷照光会」「北鎌倉友の会」「明月院谷戸保存会」を加えた5団体によって「風致保存連盟」が結成され、鎌倉市議会、鎌倉市、神奈川県議会、県知事に開発を差し止めるべく陳情が行われた。

県・市の議会議員や行政関係者の調停により、開発申請者側と反対者側との間で調整が進められたが、なかなか折り合いがつかず、鎌倉市は大佛次郎、菅原通済、村田良策らを理事、今日出海、有島生馬らを顧問とする「財団法人鎌倉風致保存会」を設立、買収補償を目的とした基金募集を開始した。

1年あまりにわたる話し合いの結果、大幅に開発規模を縮小する等の景観保全のための措置がとられることとなり、残された用地は鎌倉風致保存会に集められた募金により買収されることをもって収束した。

この反対運動は、1週間で2万人もの署名を集めたこと、募金により土地を買いとったこと等、当時の市民による代表的な自然保護運動とされているほか、古都保存法制定の直接契機の一つとされている。

(3) 風致地区制度の限界

　御谷騒動の発生した鎌倉をはじめ、京都、奈良などの市街地周辺には都市計画に風致地区が定められていた[4]。

　風致地区とは、1919（大正 8）年の旧都市計画法の制定に伴い、用途地域などとともに創設された地域地区制度である。「風致」という概念を明らかにし、土地利用規制を講ずることにより緑地の保全を図るもので、その後の古都保存法をはじめとする各種制度の原点となったものである。

　法制度上、「風致」に関する定義は置かれなかったが、1933 年の「都市計画調査資料及計画標準ニ関スル件（チ）風致地区決定標準」では、以下に該当する土地が指定対象として定められていた。

　イ）季節ニ応ズル各種ノ風景地

　ロ）公園、社寺苑、水辺、林間、其ノ他公開慰楽地

　ハ）史的又ハ郷土的意義アル土地

　ニ）樹木ニ富メル土地

　ホ）眺望地

　ヘ）前各号ノ附近地ニシテ風致維持上必要アル地帯

　当時の風致地区制度は、都道府県知事が建設大臣の認可を受けて定めた命令に基づく土地利用規制により緑地の保全を図るものである。土地所有者の財産権が土地利用規制により制約されるが、受忍限度の範囲内とされ、補償という概念は含まれていない。

　このため、行政は開発行為に対し受忍限度の範囲で最大限の条件を付すものの、最終的には許可せざるを得ないのが通例であり、各県担当者の間には、正当な財産権の行使を主張する開発業者の要求と風致を守れという社会の要請との調整は、当時の法制度のもとでは困難との認識が強まりつつあった（高橋雅雄 1965）。鶴岡八幡宮のような象徴的空間ですら宅地開発を不許可とすることは困難だったわけである[5]。

　御谷騒動の終息後、鎌倉市の山本正一市長は京都市、奈良市を訪ね、新法立法化運動の協力要請を働きかけた[6]。また、京都市、奈良市でも宅地開発に対する反対運動や既存制度の限界が明らかになったことなどから、新たな立法措置に対する機運が急速に高まった。

以上のような時代背景のもとに、古都保存法が制定されたのである。

（4）古都保存法案の国会提出

1965年5月以降、関係者の動きに応じて、京都、奈良、鎌倉選出の国会議員を中心とした超党派による「古都における歴史的風土の保存法」制定準備が進められた。その後も検討が重ねられた結果、第51回通常国会に、「古都における歴史的風土の保存に関する特別措置法」案が、田中伊佐治議員ほか51名（自由民主党、日本社会党、民主社会党）により国会提出された（大塩洋一郎1966）。

提出された古都保存法案は以下のような制度構成であった。

①「古都」「歴史的風土」の定義

「古都」とは「わが国往時の政治、文化の中心等として歴史上重要な地位を有する京都市、奈良市、鎌倉市及び政令で定めるその他の市町村」とし、保存の対象となる「歴史的風土」とは「わが国の歴史上意義を有する建造物、遺跡等が周囲の自然的環境と一体をなして古都における伝統と文化を具現し、及び形成している土地の状況」と定義する。

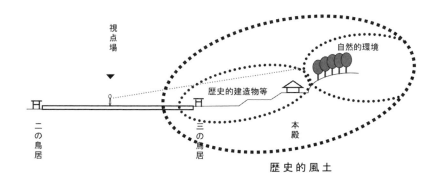

図2　歴史的風土の概念図（歴史的風土審議会資料（平成9年12月）より作成）
歴史的風土は社寺仏閣・遺跡と自然的環境が一体となって醸し出す土地の状況と定義されている。

②歴史的風土保存区域の指定、歴史的風土保存計画の決定

　古都における歴史的風土を保存するため、内閣総理大臣が歴史的風土保存区域（以下、「保存区域」という。）を指定し、保存区域ごとに歴史的風土保存計画（以下、「保存計画」という。）を決定する。歴史的風土の保存は保存計画に従って行われ、保存区域内で一定の行為をしようとするときは、あらかじめ府県知事に届出なければならず、府県知事は、必要があると認める場合に助言・勧告することができる。

③歴史的風土特別保存地区の都市計画決定

　保存区域内における枢要な地域については、都市計画に歴史的風土特別保存地区（以下、「特別保存地区」という。）を定める。特別保存地区内においては、建築物の新築・改築・増築、宅地の造成、木竹の伐採等の行為を行う場合には府県知事の許可が必要とされ、府県知事は政令に定める基準に基づき歴史的風土の保存に影響を及ぼす恐れがないか判断し、許可・不許可を行う。

　これらの行為制限は、都市計画制度である風致地区制度と類似しつつも、現状変更を実質的に相当程度制限することから、憲法第29条に定める財産権の補償の観点から、許可を受けられなかった者に対し、以下の④のとおり、国の負担において損失補償及び土地の買入れが行われる。

④損失の補償、土地の買入れ

　特別保存地区内における行為の許可が得られなかったため損失を受けた者がある場合には、府県は通常生ずべき損失を補償する。また、土地所有者から、許可が得られず土地利用に著しい支障をきたすことから買い入れるべきとの申し出があった場合、府県は土地を買入れる。損失補償及び土地の買入れに要する費用の一部は国が負担する。

　この制度は、
　　①高度経済成長期における開発第一主義に対し、「歴史的風土」という概念を法制度化することにより守るべき価値を明らかにし、国として保存する必要性を明確にしたこと

②「歴史的風土」とは、歴史的建造物や遺跡等が周囲の自然的環境と一
体となって醸し出す土地の状況と定義され、実質的には古都を対象と
した緑地保全制度として構成されていること

③保存計画に基づき区域を定め土地利用制限を課すこと。詳細な許可基
準を設けるとともに、土地所有者に対して通常生ずべき損失に対する
補償制度、土地の買入れ制度が設けられたこと

④制度の実効性を担保するため、対象都市を限定したこと

という特徴を持つ。特に③の損失補償、土地買入れ制度はわが国の都市計画
関連法制度で初めて導入されたものであり、その後の緑地保全制度に影響を
与えた点で画期的なものであるとされている[7]。

国会審議では政令指定都市の範囲、歴史的風土の保存に必要な環境整備の
考え方、土地利用規制の代償措置となる公共施設整備の必要性、損失補償や
土地の買入れに対する国の負担割合、担当省庁と歴史的風土審議会の役割な
どについて闊達な議論が交わされ、衆議院建設委員会、参議院建設委員会で
の審議を経て、1965 年 12 月 29 日、原案通り可決・成立した[8]。

(5) 歴史的風土審議会における議論

古都保存法の施行（1966 年 4 月 15 日）から 1 週間後の 4 月 22 日、第 1 回歴
史的風土審議会が開催された[9]。

古都保存法では、保存区域の指定、保存計画の決定、特別保存地区内にお
ける要許可行為と許可基準の制定にあたっては、歴史的風土審議会（以下、「審
議会」という。）の意見を聞くこととされ、審議会はその他歴史的風土の保存
に関する重要事項を調査審議するものとされた。審議会は委員 20 名、幹事 9
名で構成され、後に 9 名の専門委員が任命されている。審議会の初代会長に
は堀木鎌三[10]が互選により選出された。

審議会では、保存区域の指定、保存計画の決定、特別保存地区における行為
の制限に関する政令案、政令指定都市の候補などについて精力的に審議がなさ
れ、当初の 5 年間で合計 14 回の審議会と数多くの専門委員会が開催されている。

①保存区域の指定・保存計画の決定

京都市、奈良市、鎌倉市の歴史的風土保存区域は、第 2 回審議会（1966 年 5

月 30 日）に諮問（第 1 号）された。第 2 回審議会では諮問案とともに以下のような保存区域の指定基準案が示された[11]。

歴史的風土保存区域の指定基準案

古都における歴史的風土の保存に関する特別措置法第四条第一項の「歴史的風土保存区域」は、下記によりその区域を指定するものとする。

第 1　歴史的風土保存区域の選定

歴史的風土保存区域は、次の各号の一に掲げる土地若しくはこれに接続する土地で「歴史的風土」を保存するため必要な土地の区域を選定するものとする。

1.　歴史上重要な文化的資産に隣接し、これと一体となって歴史的風土を形成している土地の区域
2.　歴史上重要な文化的資産の借景となって、歴史的風土を形成している土地の区域
3.　散在する歴史上重要な文化的資産を結び、これらと一連となって歴史的風土を形成している土地の区域

第 2　歴史的風土保存区域の境域の設定

歴史的風土保存区域は、第 1 により選定した土地の区域について、次の各号に掲げる事項を勘案し、歴史的風土保存区域内における行為の規制その他歴史的風土の維持、保存の適正が確保されるよう町丁目、字界等若しくは道路、河川等の明確な地物に基づいてその境域を定めるものとする。

1.　地形、植生状態の景観上の一体性
2.　主要な地域からのちょう望等の景観上の一体性
3.　当該区域における景観の維持、保存上の必要性

京都市、奈良市、鎌倉市の保存区域は専門委員会の調査審議を経て、第 3 回審議会（1966 年 7 月 6 日）において一部修正の上答申され、同年 12 月 14 日、内閣総理大臣の指定が行われた。また、保存区域の審議と並行して各都市の歴史的風土保存計画が審議され、1967 年 1 月 25 日、内閣総理大臣の決定が行われた[12]。

②許可基準（政令）の策定

古都保存法では、歴史的風土の保存を図るため、特別保存地区内において同法第８条第１項に定める行為を行おうとするときは府県知事の許可を要することとされ、府県知事は政令で定める許可基準に照らして許可・不許可を判断するとされている。

不許可とされた行為のうち、一定要件を満たす場合には私権保護の観点から損失補償や土地の買入れが行われることから、この基準は、土地所有者に対する受忍限度の範囲を事前明示する役割と、府県知事の判断の負担軽減と裁量余地を残さないようにすることが求められ、許可を要する行為ごとに詳細な基準として定められた。

政令案は、第２回審議会に諮問され、第３回審議会で答申された。

③政令都市の考え方

古都保存法の対象都市は、法律に規定される京都市、奈良市、鎌倉市以外は政令に委ねられている。この政令都市については、第２回審議会において以下のような指定基準案が示された。

政令都市の指定基準（第２回歴史的風土審議会事務局説明）

古都における歴史的風土の保存に関する特別措置法第二条第一項の規定に基づき政令で定める市町村は、次の各号に掲げる要件に該当する都市について指定するものとする

第一　長期にわたってわが国往時の全国的な政治の中心地又は時代を代表する歴史上重要な文化の中心地であった都市であること

第二　史実に基づいた文化的資産が集積し、かつ、当該歴史上重要な文化的資産が、広範囲にわたる自然的環境と一体をなして、後代の国民に継承されるべき貴重な「歴史的風土」を形成している土地を有する都市であること

第三　市街化若しくはその他の開発行為が顕著であって「歴史的風土」の侵犯のおそれがあるため、積極的な維持、保存の対策を講ずる必要のある都市であること

　この基準に基づき、事務局から、天理市、桜井市、橿原市、明日香村、斑鳩町の5市町村が「古都」の候補として示され、審議会委員による現地確認の後、「古都」に指定された[13]。

　明日香村については、第2回審議会において以下のような事務局説明がなされている。

　「（建設省都市局都市総務課長）橿原、明日香につきましては、この付近が十二代にわたりまして皇居というふうに定められておりまして、大体百十四年くらいの政治の中心地というふうに考えられるところ（中略）第1の要件はほぼ充たされているのではなかろうかと思われます。第2の要件は飛鳥の板蓋宮の跡でございますとか、藤原宮の跡、飛鳥寺、橘寺、そういった数多くの歴史上重要な文化的資産がございます。また大和三山および背後の丘陵と一体となった自然的環境というものがここにあるのでございます。（中略）第3の侵犯の問題は、この地区は大阪から大体30〜40分で行ける距離にございます。したがいまして、大阪市等の発展に伴いましてそのスプロールが相当大きくなりつつあるところでございます。土地ブローカーにより団地の開発といったものが最近とみに顕著になりつつあるということが言えるかと思います。」

　審議会では明日香村を政令都市とすることに異論はなく、1967年12月、「天理市・橿原市・桜井市・奈良県高市郡明日香村歴史的風土保存区域」における明日香地区として、面積約391 haが保存区域に指定された。翌年1月には保存計画が決定され、保存区域のうち、飛鳥宮跡・石舞台周辺の約60 haが特別保存地区に都市計画決定された。

3　御井氏「声の直訴状」の結実 ― 昭和45年閣議決定

(1)　審議会における飛鳥地方に関する議論

　審議会では飛鳥地方の特殊性と特別の対応の必要性について度々議論が交わされている。

　1968年11月に開催された第9回審議会では、それまでの審議会で議論になった事項をまとめた専門委員会報告「既往の問題について」が報告され、「特別保存地区の指定、拡張」に関し、「飛鳥盆地一体については、すみやかに

総合的な保存計画を策定し、あわせて指定を促進されたい」との提言がなされた。

さらに、第11回審議会（1969年10月開催）において報告された「既往の問題に関する専門委員会の検討結果について」において、「飛鳥地方の特別保存地区指定については、とりあえず飛鳥寺跡、板蓋宮跡等明らかなものだけでも早急に追加する必要がある。」との提言がなされた。

審議会事務局からは、「（都市総務課長）明日香村に特別保存地区を指定するについては、その範囲が広範囲にわたり、しかも、大部分の土地が現在生計を営んでおられます土地であるため、地元民の協力をあおぎますためには、各省の施策を総合いたします計画を発表することが必要」との認識が示され、第12回審議会（1970年3月9日）において、昭和45年度予算に、飛鳥地方の総合計画を立案するための国費221万5千円を確保したこと、奈良県調査費約200万円が内定したことが報告されている。

(2)「人文景観」

もう一つ、当初から審議会で議論されてきたものに「人文景観」の取り扱いがある。

諮問第1号（京都市、奈良市、鎌倉市歴史的風土保存区域の指定）、諮問第2号（特別保存地区内における行為の制限に関する政令案）に関する調査審議を行った専門委員会は、第3回審議会において、同諮問に対する審議結果報告の前段で、以下のような報告を行った。

---

1. 総括的意見
(3) 歴史的風土には人文的環境も含まれるものであって、歴史的風土保存区域の指定に当たっては、単に歴史上重要な建造物、遺跡等と一体となる自然的環境に止まることなく、今後さらに、古都並びに歴史的風土の概念について検討を加える必要がある。

ここで述べられている「人文的環境」に明確な定義はされていないが、専門委員会の木村英夫委員長からは「たとえば大和特有の集落、あるいは社家

町、そういうような、古都独特の人文的な遺跡があるときには、それらも一緒に含めるのがほんとうではないか」との説明がなされている。

　古都保存法は、京都、奈良、鎌倉など、対象都市を古都に限定した緑地保全制度として構成されているが、審議会委員の間では「歴史的建造物や遺跡等と一体となる自然的環境」に接する「町並みや集落など人々が生活を送る場―人文景観―」も、古都保存法が対象とする「歴史的風土」に含まれるべきではないか、という根強い意見があったことがうかがえる。

　「人文景観」に関する議論はその後も積み重ねられたが、第11回審議会において以下のような専門委員会報告が行われた。

　　　　　「既往の問題に関する専門委員会の検討結果について」
　2.　保存区域及び特別保存地区の指定、拡張
　⑴　指定基準における「人文景観」の取り扱いについて
　保存区域の指定については各委員から人文景観を含めるよう強い要望があり、少なくとも文化的資産とともに周囲の自然的景観と一体をなしている人文景観は、歴史的風土保存区域の指定基準第一の1に含まれるものと思われるので現行の基準はそのままとする

　このように整理されたのは、「人文景観」とは人々の生活の場そのものであり、歴史的風土にとっての重要性は認識されながらも、単なる土地利用規制で守られるものではなく、具体的な法制度化が困難であったことが背景にあったと推察される[14),15)]。

　この整理により、京都、奈良、鎌倉などの古都全体のあり方は、基本的には都市計画関連制度等との密接な連携により対応すべきとされた一方、全村に歴史的文化的遺産が存在し、現に村民の生活が営まれている「明日香村の歴史的風土保存」のあり方については、依然として課題として残されることとなった。

(3) 御井氏の声の直訴状と佐藤総理の視察

1970年2月、東洋医学研究家の御井敬三氏による『「日本のふるさと」飛鳥を守るために』が松下電器産業（株）の松下幸之助会長を経由して佐藤榮作総理あてに届けられた。いわゆる「声の直訴状」である。

直訴状を受け取った佐藤総理は、約4か月後の6月28日、大阪で開催される日本万国博覧会出席に合わせて明日香村を視察した[16]。

佐藤総理の明日香村視察に先立つ5月には、超党派の国会議員により「飛鳥古京を守る議員連盟」（会長：橋本登美三郎、以下、「飛鳥議連」という。）が発足しており、明日香村の歴史的風土の保存に関する議論は一気に政治案件化した。

佐藤総理の視察直後、第13回審議会（1970年7月）に「飛鳥地方における地域住民の生活と調和した歴史的風土の保存をいかにすべきか」が諮問された。審議会は特別部会を設置して集中審議を行い、第3回特別部会後の明日香村現地視察には堀木会長も赴き、明日香村各界の代表者との懇談も開催された。諮問から2か月後、特別部会は報告をまとめ、第14回審議会（同年9月11日）に「飛鳥地方における歴史的風土の保存に関する当面の方策」として答申された。

この審議会答申を骨子として、同年12月18日、「飛鳥地方における歴史的風土保存及び文化財の保存等に関する方策について」が閣議決定され、同決定に基づき、明日香村歴史的風土保存区域の拡大（391ha→918ha）、飛鳥宮跡特別保存地区の拡大（60ha→102ha）、風致地区の拡大（391ha→1,254ha）のほか、新都市計画法で創設された市街化区域と市街化調整区域との区域区分（いわゆる線引き）が行われ、既存集落及び飛鳥駅前地区を中心とする約98haは市街化区域、その他区域2,306haは市街化調整区域と位置付けられた。また、道路・飛鳥川等の環境整備や、民間から5億円の寄付を受けることを目標に（財）飛鳥保存財団が設立され、初代理事長には松下幸之助が就任することとなった。

一方で、上記閣議決定に前後して、「単なる規制強化」に対する反対の声も根強く、審議会答申にも「特別立法の必要性について早急に検討すること」と明記されるなど、何らかの立法措置を求める声が高まっていった[17]。

4 住民生活の安定向上措置の制度化 — 明日香法

(1) 特別立法制定に向けた動き

1978年当時、明日香村は、保存区域、特別保存地区のほかにも、都市計画に定める風致地区、県条例に基づく景観保全地区が定められていた。これらの地区は村面積の約89.8%を占め、県や村の行政指導により歴史的風土保存のために厳しい開発規制が行われていた。

このため、潜在的な開発ポテンシャルは高いが土地売買は実質的に困難であること、家屋の増改築の際には埋蔵文化財の発掘調査が求められ場合によっては計画見直しが必要であること、農業経営に必要なビニールハウスの設置にも制約がかかることなど、様々な負担が住民に課せられていた。

このような状況を解決するため、同年8月、奈良県知事と明日香村村長の連名で、全域を規制対象地域とする一方、住民対策と村財政助成措置を内容とする特別立法に関する要望書が内閣総理大臣に提出された。

同年10月、飛鳥議連内に設置された特別立法委員会は特別立法の早期制定を決議した。翌年2月に開催された同委員会には野呂田芳成参議院議員[18]から特別立法案が提示され、2月28日、政府に対し同特別立法案を内容とする「明日香地方における歴史的風土の保存及び生活環境の整備等に関する特別法の制定について」申し入れを行った。

(2) 審議会諮問・答申

1979年3月、内閣総理大臣から審議会に「明日香村における歴史的風土の保存と地域住民の生活との調和を図るための方策はいかにあるべきか」諮問が行われた。審議会は特別部会を設置し、4回にわたる集中審議と現地視察を経て、同年7月、1980年度予算要求に間に合わせるよう、内閣総理大臣に対し歴史的風土の保存のための特別な立法措置を講ずるよう求めるよう答申を行った。

審議会答申では、明日香村の歴史的風土保存の基本方針として、以下のような見解が示された。

○歴史的風土審議会答申（昭和54年7月5日）抜粋

1. 基本方針（抜粋）

(1) 奈良県高市郡明日香村は、飛鳥文化の中心地であるとともに、村内に宮跡、寺跡、古墳、埋蔵文化財等の歴史的文化的遺産が数多く存在し、これが周囲の自然的・人文的環境と一体となって我が国の律令国家体制がはじめて形成された地域であることをしのばせる特色ある歴史的風土を全村にわたって形成しており、我が国の歴史的風土の保存上、他に類例を見ない極めて貴重な地域を形成している

(4) ……この明日香村における歴史的風土を国民的な文化的資産として開発の波から守り、良好な状態で末永く保存し、後世に伝えることは、国家的見地から極めて重要な課題だと云わざるを得ない。この課題にこたえるためには、明日香村の将来を展望し、その歴史的風土を保存するため必要な規制措置を講ずるとともに、住民生活の安定向上を図るための行財政上の援助等、特別の措置を執るなど、諸般の方策を講ずるものとし、将来にわたり一層明日香村及び明日香村民の歴史的風土の保存に対する積極的な理解と協力を得て国民全体と明日香村民の心が通った運営を期することが必要である。したがって、明日香村における歴史的風土の保存にあたっては、特別の立法措置をもって、国及び地方公共団体の責務を明確にしつつ、次のような措置を速やかに講ずるよう要望するものである。

なお、これらの措置の実施に際しては、村民の理解と協力を得るよう適切な配慮がなされるべきである。

この答申では、明日香村の歴史的風土保存について
①明日香村の歴史的風土は数多くの歴史的文化的遺産と周囲の自然的・人文的環境が一体となったものであり、後世に継承することは国家的見地から極めて重要な課題であること
②その課題に応えるためには、規制措置だけでなく住民生活の安定向上を図るための特別の措置が必要であること
③歴史的風土の保存のためには、将来にわたり村民の積極的な理解と協

　　　力を得て、心の通った運営を期することが必要であること
との方針が示されている。
　古都保存法は対象都市を限定した緑地保全制度であり、京都市、鎌倉市、
奈良市などでは市街地周辺の緑地を開発行為から守るために区域指定されて
いる。一方、明日香村における守るべき対象は、人々の生活の場を含み、か
つ日々の営みで維持されている生活空間の姿そのものが歴史的風土の構成要
素でもあることから、開発と保存という対立概念ではない、総合的な政策課
題として取り組むべきとの考えが明らかにされている。

(3) 国会審議・明日香法の制定

　1980年2月、第91回通常国会に「明日香地方における歴史的風土の保存
及び生活環境の整備等に関する特別措置法案」が提出された。
　明日香法の体系は、国会提案理由説明において、以下のように説明されて
いる。
　第一に、内閣総理大臣が定める明日香村歴史的風土保存計画に基づいて、
奈良県知事は村の区域を区分して、都市計画に第一種歴史的風土保存地区及
び第二種歴史的風土保存地区を定め、それぞれの地区に応じて、歴史的風土
の保存を図ること。
　第二に、奈良県知事は、明日香村における生活環境及び産業基盤の整備等
に関する計画（以下「明日香村整備計画」という）を作成し、内閣総理大臣に承認
の申請をすることができること。計画に基づき、明日香村が昭和五十五年度
から昭和六十四年度までの各年度に国からの負担金または補助金の交付を受
けて行う事業については、首都圏、近畿圏及び中部圏の近郊整備地帯等の整
備のための国の財政上の特別措置法の例により、国は財政上特別の助成を行
うこと。さらに、明日香村整備計画の円滑な達成を図るため、国は、地方債
については特別の配意を行うとともに、財政上及び技術上の配意を行うこと。
　第三に、明日香村が、歴史的風土の保存との関連において必要とされるき
め細かい施策を講ずるため、条例の定めるところにより、明日香村整備基金
を設ける場合には、国は、二十四億円を限度として、その財源に充てるため
必要な資金の一部を補助すること。

すなわち

①村全域を特別保存地区に位置づけ、歴史的風土の保存の強化を図る一方

②社会基盤整備に要する村負担を軽減するために財政上の措置（補助率の引き上げ・補助率嵩上げ）を図り

③社会基盤整備では対応できない生活環境整備のため基金を造成してこれに充てる

というものである。

特に、一自治体を対象とした基金の造成は初めてのことであり、予算編成上、最終的には当時の竹下登大蔵大臣の政治的判断が大きかったとされる（野呂田芳成 2006）。

国会では、住民投票の必要性の是非（憲法 95 条に定める特別法に該当するか否かの解釈）、目的規定に関する論議、財政援助内容の程度等につき議論が交わされたが、衆・参建設委員会における審議を経て、同年 5 月 9 日、明日香法は可決・成立した。

明日香法第 1 条では、「この法律は、飛鳥地方の遺跡等の歴史的文化的遺産がその周囲の環境と一体をなして（中略）・・をしのばせる歴史的風土」（傍点筆者）と定められており、古都保存法に定める歴史的風土の定義にある「自然的環境」を「環境」と置き換えている。すなわち、明日香村民の生活により支えられている田園景観や集落の佇まいなど—人文景観—も歴史的風土の構成要素であることが制度上明記されたことになる。

住民生活安定措置は土地利用規制に対する反対給付ではなく、歴史的風土そのものを支える必須要件だから国が支援するのだというロジックで、古都保存法や 1970 年閣議決定の枠組から大きく踏み出しているのである。

5 歴史的風土の「創造的活用」 ―第三次明日香村整備計画

(1) 明日香村をとりまく状況と特例措置の効果の減少

1980 年度から開始された総額 134 億円の第一次明日香村整備計画は、事業費ベースで 63% の進捗（県事業 31 億円、村事業 53 億円）に留まった。このため 1989（平成元）年度に明日香法が改正され、1990 年度から 1999 年度までを計画期間とする第二次明日香村整備計画が策定された。計画事業費は大きく増

額され、209 億円になった。

　この間、明日香村を取り巻く状況は厳しさを増した。1970（昭和 45）年の閣議決定時の村人口は 6,537 人で、第二次明日香村整備計画終了年度の 1999（平成 11）年には人口規模はほぼ横ばいであったものの、基幹産業である農業についてみると、農家数 956 戸、就業人口 1,665 人（いずれも 1970 年）であったものが、2000 年には 619 戸、834 人に減少しており、65 歳以上の高齢化率は約 5 割に達し、経営耕地面積も大きく減少した。

　一方、明日香法に定める住民生活安定措置も厳しい状況に陥っていた。明日香村整備計画に基づいて行われる村事業に対する国の財政上の特例措置は2 種類ある。一つは、道路の改築事業の一部や河川事業等に対する補助率の引き上げ（法令に定める国の補助割合に上乗せすること。たとえば道路整備に対する国庫補助率は通常 1/2 のところ、2/3 に引き上げられている）であり、もう一つは、道路、下水道、都市公園、教育施設、厚生施設などの生活基盤施設について「首都圏、近畿圏及び中部圏の近郊整備地帯等の整備のための国の財政上の特別措置に関する法律」（1966 年法律第 114 号。以下、「首都圏等財特法」という。）の規定を引用し、一定の算定式に基づき最大 1.25 倍まで補助率を嵩上げするというものである。

　首都圏等財特法とは、首都圏等の近郊整備地帯（都心から 20km〜50km 程度のエリアで、いわゆるベッドタウン）において人口が増加した際に必要となる社会基盤整備に対し、地方債の特例や国庫補助事業の補助率嵩上げ措置を規定したもので、その算定式は、標準的な投資的経費（標準負担額）を想定し、それを超える支出があった場合に、算定式に基づき国の補助率が最大 1.25 倍まで嵩上げされる。この算定式では補助率を 1.25 倍まで嵩上げするには標準負担額の 2 倍の事業を実施する必要があり、嵩上げ効果を得るだけの整備を行えば村の財政負担も増え、事業の進捗に伴い事業量が減少すれば算定効果も薄まることになる。第二期整備計画期間中の嵩上げ措置は単純平均で 1.04 に留まっていた。

　また、バブル崩壊後の低金利により明日香村整備基金の運用益は大きく目減りし、事業に必要な資金が得られない状態となっていた。

　このままでは、明日香法が目指す歴史的風土の保存と住民生活の安定向上

措置という 2 本柱が崩れ、村民にとっては規制による負担のみが重くのしか
かる状況であった。

　第三次明日香村整備計画は、このような課題認識の下に議論が開始された。

(2) 審議会への諮問・答申

　1998 年 6 月、審議会に「明日香村における歴史的風土の保存と生活環境の
整備等を今後一層進めるための方策はいかにあるべきか」が諮問された。審
議会は特別部会を設置して集中審議を行って報告をまとめ、第 47 回審議会
（1999 年 3 月 25 日開催）において内閣総理大臣に「明日香村における歴史的風
土の保存と生活環境の整備等を今後一層進めるための方策はいかにあるべき
か」（答申第 28 号）答申を行った。

　同答申では、明日香村の将来像について、歴史的風土の「創造的活用」に
よる地域振興という方向性が打ち出され、実現のための施策として
　　　・明日香村整備計画の期間延伸、整備計画に盛り込まれる事業の見直し
　　　・整備計画に基づく事業について国庫補助制度の見直しや地方債措置の
　　　　充実等、特段の財政措置
　　　・明日香村整備基金に基づく事業を見直し、整備計画事業で実施可能な
　　　　ものは同事業で実施し、住民生活に直結する取り組みを強化
　　　・基金運用益が大幅に減少している状況に鑑みた対象事業の見直しと合
　　　　理化、事業の円滑な実施に必要な場合は事業費補填等の支援方策
などが明示された。

(3) 飛鳥古京を守る議員連盟の決議・奈良県の要望

　審議会の議論と並行し、飛鳥古京を守る議員連盟でも議論が進められた。
答申に先立つ 1999 年 2 月 26 日、明日香村整備計画の計画期間の延伸など、
今後の活動方針に関する 5 項目（①明日香村整備計画期間の延伸、②財政上の特別措
置の実効性担保、③地方債・地方交付税措置の特段の処置、④キトラ古墳等の国営公園化、
⑤明日香村整備基金運用益減少に対応した費用確保）について関係方面に働きかけて
いくことが決議された。

　また、奈良県は、明日香村の歴史的風土保存の重要性と明日香村の厳しい

財政状況に鑑み、同年 1 月、財政支援措置として、①国庫補助（負担）割合の引き上げ、②農業基盤整備事業の国庫補助採択基準の弾力的運用、③明日香法第 5 条に定める国庫補助率等の嵩上げ措置の継続を要望した。その後、4 月には、改めて奈良県知事から大蔵省ほか関係省庁に要望活動が行われ、①国庫補助・負担率の拡充等（国庫補助・負担率の引き上げ、法第 5 条の条件緩和（特定事業（嵩上げ算定式の対象となる事業）の対象拡大、算定方式の見直し）、補助採択基準の弾力化）、②地方債及び地方交付税措置の充実、③明日香村整備基金の充実・強化、④史跡指定地の拡大・国営飛鳥歴史公園の区域拡大、の 4 点について要望がなされた。

(4) 第三次明日香村整備計画の策定をめぐる実務協議

　1999 年夏、2000 年度予算編成に向けた関係省庁間の実務協議が開始された。

　実務協議では、奈良県要望にある国庫補助・負担率の拡充と明日香村整備基金の充実・強化の 2 点が大きな論点となった。まず、一つ目の国庫補助・負担率の拡充については、国の補助金等の整理合理化との関係が議論となった。国の補助金に関しては、累次の臨時行政改革調査会及び臨時行政改革推進審議会の答申等の趣旨を踏まえて制定された「国の補助金等の整理合理化等に関する法律」（平成 5 年法律第 8 号）において、補助率等の体系化・簡素化等の観点から、直轄事業にあっては 2/3、補助事業にあっては 1/2 を基本として恒久化し、1993 年度から適用するとの整理がなされていた。この法律による整理の中で、明日香法に基づく補助率の特例（補助率の引き上げ）は据え置かれ、道路、河川、下水道に関する補助率引き上げの規定は従前の附則から本則（明日香法第 5 条第 3 項〜5 項）に制度改正され、補助率は恒久的に整理された状況にあった。同様の補助率特例は、沖縄振興、奄美群島振興、離島振興などにも適用されていたが、明日香法と同様に恒久的整理が行われており、これらの地域間のバランス上、明日香のみに特例措置を上積みすることは困難な状況にあった。もう一つの特例措置である補助率嵩上げ措置も首都圏等財特法の規定を引用する複数の法律があり、算定式そのものの見直しは補助率引き上げの議論と同様、他の地域とのバランス上困難であった。このため、論点は、補助率嵩上げ算定式の見直しをしなくても、特定事業の範囲

の見直し・追加により算定効果を高められるよう関係省庁間の折衝が進められ、併せて、特定事業の裏負担（国庫補助事業を実施する際に地方公共団体が負担する事業費）を軽減するための地方交付税措置の充実についても折衝が進められた。

　もう一つの論点である明日香村整備基金の運用益の減少については、仮に基金を増額しても低金利下では十分な果実が得られる見込みはなく、また、基金の取り崩しも困難であったため、明日香村の歴史的風土の「創造的活用」の実現に向け、明日香村が自由に使える新たな交付金制度の創設をめざし関係省庁間の折衝が行われた。

　上記のような論点について約半年に及ぶ様々な折衝の結果、最終的に以下のように決着した。

平成 11 年 12 月

明日香村の歴史的風土の保存・活用のための施策の充実について

総理府・文部省・厚生省

農林水産省・林野庁・建設省・自治省

明日香村における歴史的風土の保存・活用を図るため、平成 12 年度予算等において以下の予算措置を講ずることとする。

1. 新たな明日香村整備計画推進のための施策充実
(1) 国の負担又は補助の割合の特例の拡充・延長
平成 12 年度よりスタートする新たな明日香村整備計画に基づく村事業に係る国の負担又は補助の割合の特例について、以下の拡充・延長を行う。
①期間の延長
　平成 11 年度末で期限切れとなる特例について、平成 21 年度末まで期間を延長する。
②特定事業の対象の拡大
補助率嵩上げの対象となる特定事業の対象に以下の事業を追加。
　・経営構造対策事業（仮称）、ため池整備、暗渠排水事業等（農林水産省）

・義務教育諸学校施設の大規模改造事業（文部省）

③補助採択基準の緩和

ダイオキシン対策が十分講じられるごみ焼却施設整備事業について、補助採択基準の緩和を行う。（厚生省）

(2) 地方財政措置の充実

国の補助負担割合の特例の対象となる事業に係る明日香村の財政負担について、新たに特別交付税措置を講ずる。（自治省）

2. 歴史的風土の創造的活用を図る事業の支援

明日香村の歴史的風土の創造的活用を図る事業を支援するため、明日香村に1億円の交付金を交付する。（総理府）

3. 国営飛鳥歴史公園の区域拡充

国営飛鳥歴史公園においてキトラ古墳周辺に約16haの新たな地区を設定する。（建設省）

6 明日香法がもたらしたもの

以上、本稿では古都保存法に始まる明日香村をめぐる制度の変遷について時系列的に概観した。

古都保存法は、歴史的文化的資産と自然的環境が一体となる土地の状況を「歴史的風土」と定義し、歴史的風土を構成する自然的環境（要するに樹林地等）を毀損する行為を規制する緑地保全制度として構成された。

1970年閣議決定では、飛鳥地方の歴史的風土と文化財の保存等を図るための措置が定められ、道路・河川等の環境整備も実施されることとなったが、歴史的風土保存と住民生活安定措置との関係は曖昧で、土地利用規制に対する反対給付との性格を残すものであった。

明日香法では、村民生活により支えられている風景（人文景観）も歴史的風土の構成要素であることが明記され、住民生活安定措置は歴史的風土を支える必須要件として位置づけられた。

そして、第三次明日香村整備計画では、明日香村の将来像について歴史的風土の「創造的活用」による「地域振興」との方向性が打ち出され、歴史的

風土の活用に向け施策が強化されることとなった。

(1) 明日香法の理念の展開

明日香法に込められた歴史的風土保存の取り組みの考え方は、歴史的文化的資産を保全・継承・創出するための新たな制度に受け継がれ、さらに進化をとげている。

①景観法 (2004)

2004年に制定された景観法は、それまで制度上価値が認められなかった「景観」という守るべき価値を明らかにし、市町村による景観計画の作成、計画区域内における建築物の建築等の届出の義務化、景観地区内における行為制限などを可能とする仕組みである。同法第2条では、景観に対する基本的考え方が「基本理念」として示されており、いずれも、明日香法の考え方をさらに進化させたものととらえることができる。

②文化的景観 (2004)

景観法の制定に合わせた文化財保護法の改正により創設された制度である。同法第2条では、「文化的景観」を「地域における人々の生活又は生業及び当該地域の風土により形成された景観地で我が国民の生活又は生業の理解のため欠くことのできないもの」と定義している。明日香法の保存対象が歴史的文化的遺産と自然的環境や住民生活の営みの姿の一体性と定義されたことに対し、人々の営みにより形成された景観単体に守るべき価値を認めており、古都保存法制定以来、審議会で議論となった「人文景観」が発展的に制度化されたものととらえることができる[19]。

③歴史まちづくり法 (2008)

「地域における歴史的風致の維持及び向上に関する法律」（通称「歴史まちづくり法」）は、国指定文化財の周辺に残る歴史的に価値ある建造物等を有する市街地を守るための制度である。

同法では、守るべき対象である「歴史的風致」を「地域におけるその固有

の歴史及び伝統を反映した人々の活動とその活動が行われる歴史上価値の高い建造物及びその周辺の市街地とが一体となって形成してきた良好な市街地の環境」と定義し、ハードとしての建造物と、ソフトとしての人々の活動を組み合わせた概念として構成されている。これは、歴史上価値の高い建造物で行われてきた祭礼や生業などの営みが、その歴史的建造物等を今日まで守り伝えてきたとの考えに基づいており、ハードとソフトを一体として価値あるものとしている点で、明日香法の考え方が発展的に展開されたものととらえることができる。また、市町村の計画に定める重点区域に各種支援措置が行なわれること、多くの市町村が本制度を地域振興策として活用している点も、明日香法に基づく取り組みの理念が継承されている。

（2）積み重ねられる明日香の風景

　第三次明日香村整備計画の策定後も、明日香法に基づく取り組みは続いている。

　同整備計画で議論となった国庫補助率の嵩上げ措置は、計画に掲げられた事業がほぼ終息したことから、同計画期間をもって終了することとなった。また、「明日香村歴史的風土創造的活用交付金」は、その必要性から順次増額され、第五次明日香村整備計画（計画期間2020年～2029年）からは、毎年1億6千万円が計上されている。キトラ古墳周辺の国営公園は2016年9月に開園し、「キトラ古墳壁画体験館四神の館」では、保存のために石室から取り出されたキトラ古墳壁画が収められ、期間限定で公開される際には多くの方々が見学に訪れている。国会議員で構成される「飛鳥古京を守る議員連盟」は現在も活動を継続しており、修復が終了した高松塚古墳壁画の保存・公開施設の設置推進と、「飛鳥・藤原の宮跡とその関連遺産群」の世界遺産登録に向けた議論が進められている。

　明日香村は「我が国の律令国家体制が初めて形成された政治の中心的な地域」であるとともに「飛鳥文化が開花した時代の舞台となった地域」である。奈良に都が遷都されて以降、明日香村は歴史の教科書からは姿を消すが、それから1千年以上もの間、歴史的文化的資産の眠る土地の上で、おそらくは農業を生業として先人は何世代にもわたって生活を営み、なお現在も古き良

き農村風景のたたずまいを伝えている。このような歴史的風土が残されてきたのは、ひとえに 1300 年にわたり代々の村民が日々の生活を通じて守り抜いてきたからこそであり、明日香法は、それを後ろ支えする仕組みに過ぎない。日本の国が成立した当時の姿を偲ばせる唯一無二の地域である明日香村。明日香村の歴史的風土が子や孫の世代まで守り伝えられるために、明日香法は今後も時代の要請に応じて進化し続ける必要があると思う。

註
1) 古都における歴史的風土の保存に関する特別措置法（1966 年法律第 1 号）。
2) 昭和 30 年代後半から昭和 40 年代後半までの間、三大都市圏では年間 100 万人を超える人口増が認められた。https://www.mlit.go.jp/hakusyo/mlit/h18/hakusho/h19/html/i1121000.html
3) 鎌倉では御谷騒動、京都では双ヶ丘の学校開発問題（双ヶ岡は吉田兼好が徒然草を執筆した庵のあった地）が大きな社会問題となっていた。
4) 歴史的風土保存区域は、各都市において定められていた風致地区とほぼ同一の区域に指定された。「歴史的風土保存の今日の課題—古都保存法から明日香村立法まで」川名俊次：新都市 34-4：pp.11〜16
5) 当時は旧都市計画法の時代であり、市街化区域と市街化調整区域との区域区分制度や開発許可制度などはまだ存在しなかった。都市計画法が改正されたのは 1968 年のことである。
6) 「文化財、風致地区守れ　手を結んだ古都三市　山本鎌倉市長が呼びかけ」神奈川新聞 1965 年 1 月 27 日
7) 古都保存法と同様の制度体系は、首都圏近郊緑地保全法、近畿圏の保全区域の整備に関する法律、都市緑地保全法に引き継がれている。
8) 法律の担当省庁は総理府と建設省の共管とされた。歴史的風土の保存は文化財そのものではなく、文化財を中心とした付近の土地利用に関する問題であり、実質的には建設省が中心の役割を果たすことになった。2001（平成 13）年の中央省庁再編に伴い、現在、同法の所管は国土交通省に一本化されている。
9) 審議会事務局は建設省が担当した。
10) 1898 年三重県出身。鉄道省・参議院議員（2 期）。当時の佐藤榮作内閣総理大臣は鉄道省時代の後輩にあたる。
11) 第 2 回歴史的風土審議会議事録：1966 年 5 月 30 日
12) 保存計画の素案は建設省都市局都市計画課の担当官 3 名（川名俊次、平野侃三、中山晋）が執筆し、府県による微修正を経て審議会事務局原案となった。なお、許可基準を定める政令の原案も、同 3 名により草案が作成されている（川名氏へのヒアリングによる）。
13) 政令都市については、当初の 5 市町村の指定以降も、審議会で度重なる議論がなされている。審議会では政令都市の具体的候補地として、大宰府跡、宇治、長岡京、難波宮跡、金沢文庫、吉野、平泉、大津宮跡が候補として議論された。専門委員会による検討の結果、
・既に市街化が進展しており他手法に委ねるべきもの（長岡京、難波宮跡、金沢文庫）
・開発の恐れが少なく指定要件を満たさないもの（吉野、平泉）
・風致地区で十分とされたもの（宇治）
・特別史跡の指定により対応するもの（大宰府跡）
・歴史上意義を有する建造物・遺跡等が確認されてから検討するもの（大津宮跡）

と整理されている。その後、現在までに、鎌倉市歴史的風土保存区域の拡張に伴う逗子市の追加（2000（平成12）年1月）、発掘調査等の進展のあった大津宮跡（大津市）の追加（2003（平成15）年10月）がなされている。

14)　舟引（2020）は、「ゾーニングによる土地利用規制は（中略）規制対象の土地が持つ価値を明確に定義し、土地境界を正確に示し、そこで規制される行為について事前明示することが必要」としている。当時は「人文景観」の「定義」も「土地境界」も示すことができなかった。

15)　古都保存法制定に携わった川名俊次は、「（歴史的風土という）定義には人文景観と自然的環境が一体を成して醸し出す精神的風土が即、歴史的風土を構成している要因に違いなく、技法上はこの「精神景観」を含めての保存をどのように実効あらしめるかの課題にあった」と述べている（「歴史的風土保存の今日の課題」　川名俊次：新都市 vol34・no4：p.11）

16)　明日香村を視察した佐藤総理の日記には「殊に今迄原型のまま維持してきた前村長や地域住民に感謝しなければならない。大阪のベッドタウンとして開発寸前にあったこの地を守り抜いた功績は立派なもの」と記されている（「佐藤榮作日記」第四巻：伊藤隆監修：朝日新聞社）

17)　このあたりの経緯は、本書の木治準宝、藤田尚両氏の論文や「明日香法特別立法のあゆみ」（奈良県：昭和56年3月）に詳しい。

18)　野呂田芳成議員は1977年まで建設省の法律事務官で、審議会事務局も務めており、明日香村の状況と法制度の両面に詳しかった。

19)　「人文景観」議論で例示された集落や社家などの建築物の保存策は、伝統的建造物群保存地区や景観地区、景観重要建造物、歴史的風致形成建造物などが制度化されている。

引用・参考文献

大塩洋一郎　1966「歴史的風土保存ための新体制の確立—古都における歴史的風土の保存に関する特別措置法施行—」『新都市』20-4、pp.28-33

高橋雅雄　1965「鎌倉における風致保存問題に触れて」『公園緑地』25-3・4「古都対策号」pp.24-27

野呂田芳成　2006「明日香村と私」『続明日香村史』下巻、pp.743-750

舟引敏明　2020「ゾーニングのよる緑地保全・歴史的資産の保全の歩み—風致地区から歴史まちづくりまで—」『ランドスケープ研究』83-4、pp.346-353

古都飛鳥の保存とその歴史的意義

辰巳 俊輔

古都飛鳥[1]は、地表直下において古代人の活動の痕跡が良好に残されていることに加え、それらが「日本」の成立に大きく関与することが文献史料等から明らかになっていることから「日本の国のはじまりの地」として多くのファンに愛されている。また、良好な水田景観や自然環境、さらには江戸時代からの伝統的なまちなみが各所で見受けられることから、「日本のこころのふるさと」としても親しまれている。前者は地下に眠る遺跡[2]で、後者は地上の景観という関係で、これらが一体をなしている状況を古都における歴史的風土の保存に関する特別措置法（以下、「古都保存法」という。）では「歴史的風土」と定義し、同法ではその保存のための措置を明記している。古都飛鳥のうち、明日香村では歴史的風土の保存に加え、住民生活の安定と向上を目的として明日香村における歴史的風土の保存及び生活環境の整備等に関する特別措置法（以下、「明日香法」という。）が適用されている。明日香村内全域が明日香法により、古都保存法第6条に規定されている歴史的風土特別保存地区に指定されており、極めて厳しい規制が行われている一方、住民生活の安定と向上に資する取り組みが実施されている。明日香法は歴史的風土の保存には住民生活のさらなる向上が不可欠という考えを基本としており、全国で10都市が指定されている古都保存法による古都の中でも特例的な位置付けとなっている。

しかし、古都飛鳥では現代に至るまでに遺跡や景観の破壊も多数行われてきたとともに、それに対応する保存措置も繰り返し展開されてきた。破壊と保存を繰り返すことにより、その対象が重層的に積み重なった結果、今日の保存制度が確立している。本稿はその経緯を辿り、本地域の特質あるいは我が国の文化財、景観の保存制度成立の意義を明らかにすることを

目的とする。

1　古都飛鳥保存の歴史

　古都飛鳥の保存の歴史を振り返る中で、当時の社会情勢等によって保存対象が変化していることが窺える。そこで、本稿では以下の 5 つの時期の区分を行う。

　第 1 期　～1867（慶応 3）年　陵墓の探索・修補

　第 2 期　1868（明治元）年～1918（大正 7）年　古墳（陵墓）の保存

　第 3 期　1919 年～1965（昭和 40）年　遺跡の保存

　第 4 期　1966 年～1970 年　景観の保存

　第 5 期　1971 年～　住民生活の安定と向上

　なお、各時期において具体的な年代を示しているものの、法律制定の経緯等、関連する事象が別時期にある場合は全体的な流れが理解しやすいことを前提として、関連する時期で言及している。

(1) 第 1 期：陵墓の探索・修補

　古都飛鳥における歴史的風土を形成する遺跡は、江戸時代以前から破壊される事例が散見される[3]。特に著名な事例として、高取城築城に伴う石垣への石材供給をあげることができる。その供給元となったのが、飛鳥地域を中心とした古墳で、花崗岩の埋葬施設を有する多くの古墳が破壊されたと指摘されている（松本 2001）。一部には、石垣の裏側にまで漆喰が付着している箇所も認められ、それが本来漆喰の塗布が不要な箇所であることから、転用されていることが明らかとなっている。これらの古墳石材の転用先は現在確認されているところ、本丸石垣に限定されている。本丸石垣の築造については、慶長末期から元和期頃と推定されており、本多氏によるものと推定されている（堀口 2001）。また、石垣以外への使用としては、高取城へ至る道中にある猿石の台座もその可能性が指摘されている（高取町教育委員会 2004）。この台座は高取城と直接的な関連性を見出すことは困難であるが、石材供給の過程を示す物証とも考えることができる。これらの供給元となった古墳について、具体例をあげると橿原市五条野町の大規模な区画整理事業で検出された宮ヶ

原1・2号墳が候補としてあげられる（河上2005）。発掘調査では、2号墳から一部切石状を呈した石材が2点出土しており、1号墳を含めて他は全て抜き取られていることが判明している（橿原市千塚資料館2001）。また古墳ではないものの、謎の石造物として著名な酒船石も高取城への石材供給元となっている。酒船石については江戸時代からすでにその存在が多くの絵図、紀行文等に記されており、その具体的な様子を窺うことができる。本居宣長が1772（明和9）年に旅した際の日記である『菅笠日記』によると、「此石むかしは猶大きなりしを、高取の城きづきしをりに、かたはらをば、おほくかきとりもていにしとぞ。」とあり、酒船石の一部が高取城へ運ばれたことについて言及している。それを示すように1853（嘉永6）年に刊行された『西国三十三所名所図会』では、すでに現在のように石材の南と北の面が割られている様子が描かれている。また、本居は同書において野口の御陵、現在の野口王墓古墳の石室内も実見しており、石室の一部が高取城築城に際して持ち去られていることについても記している。

　江戸時代には遺跡の保存を目的とするものではないが、陵墓の探索と修補が元禄年間以来数度実施された。最初の探索と修補は1697（元禄10）年から1699年に実施され、その際に竹垣が設置され、庶民らの立ち入りを禁じる施策等を行っている。享保年間には制札が設置され、陵墓の存在を知らしめるとともに立ち入りに関する禁止事項を明確に示している（辰巳2023）。文久年間になると大規模な修陵事業が実施され、墳丘の大規模な改変や周濠の掘削、外堤の形成などが行われ、これが現在の陵墓景観の基盤となっている。当該期における陵墓の修補については、古墳を保存するための措置でも造営当初の姿に復元するものでもない。あくまで陵墓として相応しい姿にするこ

図1　『西国三十三所名所図会』に描かれた酒船石

とが目的であったものの、陵墓として管理していくことはそれを後世にも伝えることも意味していることから、保存措置の一環と評価できる。

(2) 第 2 期：古墳（陵墓）の保存

1874（明治 7）年 5 月には、太政官から各府県に対して、太政官達第 59 号として未定の陵墓を確定するための考証作業が必要であることから、古墳の伝承地や古墳を想定される地の発掘を禁じることが通達された。さらに 1880 年 11 月には沖縄県以外の各府県に対して宮内省達乙第 3 号として太政官達第 59 号で示されていなかった私有地における古墳の発掘を禁止することと不時の発見時における宮内省への手続きの必要性が通達された。1882 年には陵墓としての確定が困難な場合は「御陵墓見込地」とし、宮内省の所管とすることが定められ、民有地の買い上げが実施される場合もあった[4]。古都飛鳥においてもこれらの通達等に基づき、古墳墓の取扱いが行われたと考えられる。

1889 年には橿原神宮の造営が開始され、石垣等に使用する石材の供給元として飛鳥地域の遺跡が対象となった。大官大寺跡は、すでに江戸時代からその存在が認知されており、土壇上には礎石や塔心礎が完存していたことが記されている。幕末から明治時代初年にかけて陵墓図の作成を行った岡本桃里も大官大寺跡の礎石の配置状況を調査し、見取図の作成を実施している。それによると金堂跡には礎石が 45 個あり、中央には東西約 9m の巨石が据えられていたことが記されている。また、塔跡には 34 個の礎石があり、中央には 3.6m × 3.0m の心礎もあり、その上面中央には直径 1.2m の心柱用の窪みがあると指摘している。しかし橿原神宮造営に際して、全ての礎石が持ち去られたため、現在の金堂跡及び塔跡ではその存在を確認できない。偶然そのうちの一石が周辺の民家に残存していたが、その後すぐに他地へ運ばれたため現存しない（上田 1928）。なお、持ち運ばれた礎石は橿原神宮の造営に用いられることなく、境内に遺棄されていたようである（本澤 1904）。

橿原神宮への石材供給は寺院だけではなく、古墳も対象となった。1890 年には三宅米吉が、カナヅカ古墳の破壊現場に遭遇している。奈良県議会議員であった西内成郷も破壊の事実を知り、すぐに差し止めと保存措置を奈良県知事に上申している（奈良県立橿原考古学研究所編 2005）。その結果、阪合村の

村長よりカナヅカ古墳での工事中止が命じられた。その後の聞き取り調査によると、この破壊は橿原神宮の堀の石垣に用いるための石割であったことが判明している。それより後に奈良県知事より宮内大臣へ保存に関する上申があり、宮内省により欽明天皇檜隈坂合陵の陪冢として治定されることとなった。破壊に着手したのが、1890年3月28日で、西内成郷が差し止めと保存を上申したのが5月21日、奈良県知事から宮内大臣へ上申したのが6月6日、そして官有地となったのが11月26日と素早い対応がなされている。カナヅカ古墳の東に位置する鬼の俎についても破壊が行われたようで、1889年頃に石割の中止を指示し、1898年に同じく欽明天皇檜隈坂合陵の陪冢に治定された。実際、鬼の俎には楔跡が現在も認められ、東西方向の楔跡は江戸時代から確認できるものの、南東から北西への縦方向の楔跡が確認できないことから、これが1889年の石割の痕跡といえる。さらに橿原市に所在する植山古墳では橿原神宮造営に際して天井石が運ばれ、同神宮の手洗鉢に転用されたと記されている（高市郡役所1923）。以上のように、橿原神宮の造営に際して寺院跡や古墳の石材が多く持ち出されたものの、当時は法律等でそれを阻止する手段がなく、古墳に限れば、宮内省によって陵墓として治定されることが唯一の保存措置であったことがわかる。

　また、川原寺跡では1917年5月に偶然水田下より礎石が発見され、周辺の礎石も掘り出された。この時は小字トナミから17個、小字ロウモンから14個、小字馬場から25個、小字堂前から2個の合計58個の礎石が出土している。小字ロウモンから出土した礎石は全て売却され、小字堂前から出土した礎石も売却されるところを橘寺が購入し、境内に安置したとされる（上田1928）。1958年に実施された奈良国立文化財研究所による第1次調査では、小字ロウモンが西金堂であることが確認されたものの、基壇の削平が著しく、礎石も存在しないことが明らかとなっている（奈良国立文化財研究所1960）。

　明治時代には茶の湯を趣味とし、名物道具の蒐集を行った政財界の裕福な人々を近代数寄者と呼んだ。彼らの中では古代寺院の礎石を「伽藍石」と呼び、自らの庭園に用いることが流行した。藤田財閥の創始者である藤田伝三郎が蒐集した東大寺大仏殿や山田寺跡の礎石は藤田美術館と太閤園に、唐招提寺の塔心礎は椿山荘に配され、実業家であり茶人であった高橋箒庵は奈良

の元興寺、弘福寺（川原寺）、山田寺、高麗寺、秋篠寺、東大寺、法隆寺、飛
鳥寺、唐招提寺、法華寺、京都の東寺、高台寺等の礎石を自らの茶室である
一木庵の庭園に配し、園内の建物を「伽藍洞」と称した。彼らが熱心に伽藍
石を蒐集したのは石材としての古さこそ、庭石としての良さとする価値観に
到達していたからとされる（高橋知奈津 2010）。高橋箒庵が伽藍石を蒐集し始
めるのは 1898 年とされ、藤田伝三郎らはそれ以前から集めていたとされる（内
田 2020）。一木庵の完成・転居が 1917 年 12 月であることから、小字トナミ等
から出土した礎石の一部が伽藍石として転用された可能性も窺える。これら
の破壊に際し、高橋健自は「予諸所に寺址を踏査し、礎石の失はれ、土壇の
崩されたるを目撃し、之を附近の住民に問へば、何れも比較的近年のことな
りしもの多し。世の富豪は、古代の礎石を得て、骨董的に之を庭園の装飾に
供せむと欲し、承認は、之を古刹の遺址に求めて奇利を博せむとす。」とし、
寺院跡の礎石の多くは比較的近いうちに失われたもので、世の富豪がそれを
必要とするに商人が奪い去るため、このままでは史蹟[5]が益々失われている
ことを危惧している（高橋健自 1904）。

　また、1916 年 5 月に高市郡高市村大字岡小字出水において、水田の排水
路を掘削していた際、以前から露頭していた石材を取り除くことを目的とし
て掘り出したところ、二石の石造物が出土した。出土した後、南西へ約 30m
の距離にある小字アグイに移動して出土状態を復元した。この石造物につい
ては、複数の調査報告があり、一部には写真も収められていることから、当
時の具体的な様子を知ることができる（天沼 1917）。その後、京都市左京区の
碧雲荘の庭園に移され、現在に至る。移設の時期は不明であるが、同庭園の
造営は 1917 年から 1923 年であることから、この期間のいずれかの段階であ
ることが指摘されている（奈良県立橿原考古学研究所 2012）。1924 年には筧とし
て庭園内に納められていたことが記されている（高橋箒庵 1924）。学界にも多
数報告され、多くの研究者が古代のものであるとして認識していたものの、
移設されることとなった。

　1912 年には、牽牛子塚古墳の埋葬施設の現況調査が行われ、翌 1913 年 8
月の奈良縣史蹟勝地調査會[6]総会において報告が行われた（佐藤 1913）。その
成果を受けて、牽牛子塚古墳の保存を目的として同會より高市郡を経由して

阪合村に補助金が交付された。そして 1914 年 5 月に開口部付近の土砂を除去し、木柵の設置が実施された。その際、夾紵棺片や七宝亀甲形座飾金具、人骨等が出土している（佐藤・阪谷・稲森 1920）。

1914 年段階では、高市郡役所を経由した奈良縣による補助を受けて、飛鳥坐神社、法興寺址、豊浦寺址・豊浦宮址、川原寺址、定林寺址、大官大寺址、檜隈寺址、本薬師寺址、坂田金剛寺址、益田岩船、岩屋山古墳、牽牛子塚、サラ谷古墳、小谷古墳、島庄石舞臺に史蹟標柱が建設されている（奈良縣1920）。このほとんどが失われているものの、「弘福寺塔跡」（大正二年三月建立）、「大官大寺塔址地」（大正二年三月建之　飛鳥村）、「坂田金剛寺址」（大正三年三月建設　高市郡役所）、「豊浦寺址」（大正三年三月建設　高市郡）が現存する。史蹟名勝天然紀念物保存法が制定される前の段階において、史蹟として認知され、保存すべき対象として認識されていたことがわかる。一方、川原寺跡においては、石柱が建設されたものの、前述のように 1917 年には偶然発見された礎石が売却されるなど、実体として保存の措置が講じられることはなかった。

なお当該期は美術工芸品や建造物等のいわゆる有形文化財については、早くから保存の施策が進められていた。その契機となったのが、1868 年に発布された神仏分離令により巻き起こされた廃仏毀釈や開国による海外への文化財流出である。これらに対応するため、1871 年 5 月 23 日に太政官による「古器旧物保存方」が布告された。この布告では、31 の項目で保存すべき文化財の目録が示され、その保存と品目や所蔵人等について、所管官庁を通じて差し出すことが示されている。その後、1897 年には古期旧物保存方を引きつぐ形で古社寺保存法が制定された。同法は文化財関連としては初めての法律である。社寺が有する建造物や宝物類において、歴史の象徴または美術の象徴となるものを「特別保護建造物」または「国宝」として指定し、その保存経費について、国が 5 万円以上 20 万円以内を補助することなどが定められた。なお、古社寺保存法の附則第 19 条において、社寺所有のものでなくても同法の適用を準用することができる旨の規定が定められたが、現実には適用されることがなかったことが指摘されている（和田勝彦 2015）。

(3) 第 3 期：遺跡の保存

第 3 期は史蹟名勝天然紀念物保存法の制定以後を対象としているが、本法

律により初めて史蹟名勝天然紀念物が保存の対象となったことから、その成立過程についてまずは言及する。古墳については、第 2 期の段階より陵墓確定の必要性からその保存に関する通達等が存在した。また現に建造物として存在する古社寺もその仏像等を含めて古社寺保存法等に基づき保存の処置がとられていた。一方宮跡や寺院跡のように、地表から存在が失われ、いわゆる埋蔵文化財として地中に眠る遺跡を保存の対象とすることは、前述した多くの破壊事例を見ても明らかなようにその重要性を国家として認められることはなかった。このような現状の中、明治 30 年代以降は民間から古墳墓や宮跡、天皇や国家に対する功労者に関連する遺跡等の保護を訴える主張が帝国議会への建議案として頻繁に行われるようになった。その背景には 1895 年の日清戦争勝利による民族意識・国家意識の高揚が認められる。このような中、史跡保存の先駆といえる帝国古蹟取調会が設立された。同会は、破壊される遺跡の保存を図ることを目的としたもので、名士・官僚・地方民間人を中心に設立された団体である[7]。その後前年に開催された史蹟老樹調査保存会から発展した史蹟名勝天然紀念物保存協会が設立され、その会員であった徳川頼倫らが「史蹟及天然紀念物保護ニ関スル建議案」を 1911 年 3 月 15 日、第 37 回帝国議会の貴族院に提出し、衆議院での審議を経て、3 月 21 日に可決された。同年には黒板勝美と高橋健自により、史蹟保存の急務と保存方法とその実行等で構成される「史蹟保存ニ関スル建議書」も提出されるなど、学者からも保存の必要性が提議されている (黒板・高橋 1912) 。これらを踏まえ、1919 年に史蹟名勝天然紀念物保存法が制定された。同法は第 6 条からなる簡単な法律ではあるものの、史蹟名勝天然記念物の保存に関して、行為の禁止や制限、その管理等について明記するなど、本格的な保存を図ることが目的とされている。同法は指定対象の官有・民有に限らず、広く国土の優れた自然や風景、歴史を表徴する土地を将来へ継承するためにつくられた我が国最初の包括的な枠組みとして評価されている (平澤 2019) 。基本的な理念は後述する文化財保護法にも引き継がれている。

　史蹟名勝天然紀念物保存法が制定され、その第 1 条の規定に基づき指定されたのは 1920 年 7 月 17 日の内務省告示第 57 号による岐阜県坂本村花ノ木自生地などの天然紀念物 8 件である。史跡は翌年の 1921 年 3 月 3 日に内務

省告示第38号として初めての指定が行われた。飛鳥地域では山田寺址、川原寺址、大官大寺址、元薬師寺址が指定された。1923年3月7日には内務省告示第57号として牽牛子塚古墳が、1927年4月8日に内務省告示第315号として中尾山古墳、菖蒲池古墳、酒船石が指定された。なお、1927年までに指定された史蹟については、内務省によりその概要と最新の調査成果を集約した成果が公表された（上田1927・1928）。

この時期より、本格的な発掘調査が様々な機関により実施されている。まず中尾山古墳では1936年5月に埋葬施設内に溜まる雨水等を排水することを目的として、埋葬施設南東部に隣接して集水桝と西へ延びる排水管の設置が行われた（島本1936）。他にも1933年から開始された京都帝国大学による石舞台古墳の発掘調査がある。この調査は石舞台古墳の石室内の土砂を取り除き、石室の構造を明らかにすることを目的としていた。報告書内にも記されているように早くに墳丘が失われていることから遺物が出土する可能性が低く、構造に着目した初めての調査といえ、学史上も重要な位置を占めている（京都帝国大学文学部考古学研究室1937）。この調査成果に基づき、1935年12月24日には文部省告示第427号として石舞台古墳が指定されることとなった。

第二次世界大戦終結後、戦災による経済的基盤の破壊等による経済社会全般の疲弊、財閥解体と自作農創設等の経済の再編成による国宝等の所有者の経済的安定性の喪失、財産税等高率課税による国宝等の闇流出、戦災による罹災者や引き上げ者の帰国に起因する国宝等の不法占拠といった問題が顕在化していた（和田勝彦2004）。また、濫掘が相次いだことからGHQがそれに対する対策を講じるよう文部省へ指示を行い、それを受けて文部省は1948年3月10日に都道府県知事、直轄の諸学校、国立学館に対して濫掘の防止を図ることと学術的な発掘調査も文部省と連絡を取り合い史蹟保存の観点を重視することを通知している。その後1949年1月26日に法隆寺の金堂壁画が焼失し、衆議院及び参議院において国宝の保存のあり方に関する検討が実施され、基本的な方向性として国宝保存法と重要美術品等ノ保存ニ関スル法律を一本化することが結論付けられた。しかしここに史跡などを対象とする史蹟名勝天然紀念物保存法は含まれていない。その後文部省内で国家記念物保存法案を検討する過程を経て、最終的に1950年5月30日に公布された文化

財保護法の中に取り入れられることになる。制定と同日付で史蹟名勝天然紀念物保存法と国宝保存法、重要美術品等ノ保存ニ関スル法律は廃止された。史蹟名勝天然紀念物保存法による史蹟名勝天然紀念物の指定については、文化財保護法第 117 条の規定により、第 69 条第 1 項の指定とみなすことが定められている[8]。これ以後、数回の大幅な改正があったものの、第一条の目的である「文化財を保存し、且つ、その活用を図り、もって国民の文化的向上に資するとともに、世界文化の進歩に貢献すること」については一切の改正がなく、その本質的な部分に変化がないことから、ここに文化財保護制度の根幹が確立したといえる。

　文化財保護法に基づき、1952 年 3 月 29 日には石舞台古墳、藤原宮跡、本薬師寺跡が特別史跡に、1966 年 2 月 25 日に定林寺跡が、同年 4 月 21 日に飛鳥寺跡と橘寺境内が、1968 年 5 月 11 日に岩屋山古墳が史跡として新たに指定され、1966 年 6 月 21 日には川原寺跡の一部、1969 年 5 月 23 日に丸山古墳が追加指定された。特に昭和 40 年代に入ってからの指定が顕著で、古都飛鳥の遺跡の重要性が国家的に認知されたことが窺える。

(4) 第 4 期：景観の保存

　古都飛鳥では、1967 年 12 月 15 日に初めて古都保存法[9]の適用を受け、歴史的風土保存区域として一部が指定され、その後歴史的風土特別保存地区の指定や都市計画法に基づく風致地区の指定もあり、古都飛鳥が他の古都と同様に保存の対象と認識され始めた。ここでの保存対象は古都保存法第 2 条第 2 項で定義されている歴史的風土である。歴史的風土とは、我が国の歴史上意義を有する建造物、遺跡等が周囲の自然的環境と一体をなして古都における伝統と文化を具現し、及び形成している土地の状況のことをいい、同法第 1 条において、歴史的風土を保存することにより、それが国土愛の高揚に資するとともに、広く文化の向上発展に寄与することを目的として明記している。つまり、ここでいう保存の対象は土地の状況であることから、その地域における景観といえる。高度経済成長期における様々な開発圧力から日本の古都を守ることを目的とし、歴史的風土という新たな概念を創出させ、損失補償や土地の買い取り制度を盛り込んだ形で厳しい行為規制を課すという

全く新たな制度が創出された。古都保存法の施行と同時にその対象として指定されることとなったのは、法制定のきっかけとなった双ヶ岡のホテル建設や京都タワー建設への反対運動が起こった京都市、若草山等の開発問題が起こった奈良市、御谷騒動が起こった鎌倉市である。この時点で明日香村等は対象となっていないが、同年4月22日に開催された第1回歴史的風土審議会において飛鳥も早く指定すべきとの意見が出され、同年5月30日に開催された第2回同審議会においても明日香村も古都としての要件を満たしているとの発言があり、最終的に古都における歴史的風土に関する特別措置法第2条第1項の市町村を定める政令（1966年政令第23号）において、天理市、橿原市、桜井市、斑鳩町とともに明日香村も同法の指定を受けることとなった。その後古都保存法第4条第1項の規定に基づき、村内約391haが歴史的風土保存地区に指定され、同法第5条第1項の規定に基づき、明日香村歴史的風土保存計画が決定されることとなった。そして1969年2月19日には歴史的風土保存区域内において歴史的風土の保存上当該歴史的風土保存区域の枢要な部分を構成している地域として、飛鳥宮跡及び石舞台古墳周辺が歴史的風土特別保存地区に指定された。

　しかし高度経済成長に伴う労働力需要のもと、大阪府への通勤に適している近鉄橿原神宮前駅周辺の開発が昭和40年代から実施された。橿原市菖蒲町の剣池東側では東口団地の開発が始まり、甘樫丘から断続的に続く丘陵が削平され、谷部が埋め立てられることとなった。住宅地開発はその後も継続的に行われ、周辺部も同様に削平等が行われることとなった。さらに甘樫丘にホテルを建設するという計画まで出されるなど、古都飛鳥を象徴する景観の破壊も間際に迫っていた。そのような状況のもと、古都飛鳥を愛し、明日香村に移り住んだ鍼灸師である御井敬三がその現状を嘆き、保存の必要性を「声の直訴状」として松下幸之助を経由して佐藤栄作首相に届けることとなった。また、学識経験者をはじめ、全国の古都飛鳥を愛する人々によって組織された飛鳥古京を守る会の設立と各種活動など、全国的に古都飛鳥を守るための機運が醸成されることとなった。これらの現況を踏まえ、佐藤栄作首相は当時の官房長官や総理府長官、文部大臣等とともに明日香村を視察し、保存の必要性を理解したとされる。また、村内では村内の青年を中心に組織さ

れた明日香史跡研究会が主体となり、同年5月24日に「明日香の将来を考える村民会議」が開催され、本地域の保存については異存がなかったものの、生活上の関心が高く、将来の見通しが明確にならなければ保存も必要ないという発言が多数あった（明日香村2021）。その他にも同年5月1日には明日香村を訪れた奈良県知事が「①保存、②開発、③村民の生活の三つの柱を基本方針とする」と発言するとともに、明日香村長が広報あすか内で住民の生活環境の整備等を検討していくことを明言し、さらには「保存の為に吾々の生活が又明日への希望が犠牲にされる事は許されません。」と発言するなど、全国的な保存運動の裏側で地元側は住民生活の安定を重視していたことが明らかといえる。

　前述した佐藤首相の視察後、同年7月14日には、文部大臣が「飛鳥・藤原地域における文化財の保存および活用のための基本方策について」を文化財保護審議会へ諮問し、10月26日に答申を受けている。本諮問では、「最近における各種開発事業の進展に伴い、同地域における文化財の保存・活用について各方面から強い要望が出されている（略）歴史的環境の保存や住民生活との関連を考慮しつつ、基本方策の確立について検討する必要がある。」とし、答申において「（一）個々の遺跡だけではなく、それと一体となっている歴史的自然的景観を含めて、それらを総体として保存活用の対象とすること。（二）保存と同時に活用のための適切な整備を行ない、国民に理解され、親しまれやすいものとすること。（三）地域内の住民の生活を十分考慮し、住民が保存に積極的に協力できるよう措置すること。（四）保存・整備・活用については、総合計画を立案し、その計画および実施が一体的に処理され得るよう措置すること。」を基本的な考え方として示された。ここで注目すべき事項として、保存すべき対象地域に藤原宮跡及び藤原京の一部が含まれていることである。歴史的に連続性のある藤原の地を切り離すことができないという認識は古都飛鳥の本質的な価値を十分理解していることを示している。一方、文化財保護審議会では特別立法の必要性については言及しつつも、当面は現行法を十分活用して保存を図ることとするなど、従来からの文化財保護法の規定に基づき保存できることを主張している。

　また、7月16日には内閣総理大臣が「飛鳥地方における地域住民の生活と

調和した歴史的風土の保存をいかにすべきか」を歴史的風土審議会へ諮問し、9月11日に答申を受けている。本諮問では「飛鳥地方における地域住民の生活と調和した歴史的風土の保存をいかにすべきか。」とし、答申において「この地方には、宮跡、寺跡、古墳等の遺跡が数多く存在するが、これらの歴史的風土を最近急激に進展している開発の波から守り、一体的に保存し、正しく後世に伝えることは現代に課せられた国民的課題である。（略）このためには、周囲の歴史的自然的景観の保存と同時に総合的な計画のもとに、必要な環境施設を整備し、かつ、住民の生活向上と調和したものとする必要がある。また、これとともにこの地方の歴史的風土が国民各層に理解され、心のふるさととして親しまれるものとすることが必要であろう。」と示された。

　これらの答申を踏まえ、12月18日に「飛鳥地方における歴史的風土および文化財の保存等に関する方策」が閣議決定されることとなった。

(5) 第5期：住民生活の安定・向上

　閣議決定に基づき、1971年4月1日には財団法人飛鳥保存財団の設立、5月21日に建設大臣が「飛鳥国営公園の整備方針について」の発表と7月の建設事業着手、1972年5月26日にごみ処理場の完成、1973年2月13日に国立飛鳥資料館の建設着手、1974年4月に飛鳥研修宿泊所の開所等、施設の整備や体制強化が積極的に図られた。さらに1971年度から飛鳥・藤原の主要遺跡の国による発掘調査や民有地の買収が開始されることとなった。対象となる遺跡は基本的に史跡に指定されている宮跡と官寺であり、当初は藤原宮跡、山田寺跡、大官大寺跡、川原寺跡、定林寺跡であったが、後に飛鳥稲淵宮殿跡、高松塚古墳が加わることとなった。しかし、この閣議決定に基づいて進められたのはハードの整備がほとんどであり、住民への支援は結局ほぼなかった。

　1971年4月5日には大字飛鳥の保存規制反対決起同盟が規制の抗議文を岸下利一村長へ提出し、5月12日には飛鳥特別保存地区拡大反対同盟が抗議集会を開催し、村長等に指定返上を要求、さらには5月27日に同同盟が保存地区拡大指定の取り消し意見書を奈良県へ提出するなど、激しい抵抗が行われた。また、同年7月19日には奈良県議会開発・風致保全対策特別委員会

で「住民不在の保存対策」とする批判が行われた。8月20日には明日香村議会で「明日香問題特別委員会」が設置され、昨今の問題等について議論が行われるようなった。このような状況を鑑み、特別立法の必要性を地元である明日香村や奈良県が超党派による議員連盟である飛鳥古京を守る議員連盟や関係省庁に要望書を提出し、飛鳥古京を守る議員連盟では特別立法小委員会が設置され、法案骨子が検討されるなど、特別立法制定に向けた取り組みが加速していくこととなった。1972年には高松塚古墳において極彩色の壁画が発見され、全国に考古学ブームさらには飛鳥ブームが巻き起こり、特別立法の制定を後押しすることとなった。そして1980年5月26日、明日香法が公布・施行された。全国的に見ても極めて厳しい景観規制が村内全域を対象として定められている一方、住民生活の安定向上を図ることを目的とした事業が実施されている。なお、明日香法については、その対象が歴史的風土の保存とあるが、古都保存法の特例として制定されたものであるため、規制することのできる対象は地上の景観のみである。地下の遺跡については、既存の文化財保護法で対処するという1970年の文化財保護委員会の答申を反映している。つまり、明日香法は遺跡を除き、景観の保存と住民生活の安定・向上のみを目的としている。

2　古都飛鳥の保存とその歴史的意義

古都飛鳥には「日本の国のはじまりの地」であったことを示す痕跡が遺跡として地下で良好に保存されており、なおかつ地上には「日本のこころのふるさと」と称される美しい景観が今もなお残っている。しかしこれまでの歴史を紐解くと、現在の明日香村の魅力を構成する様々な要素が破壊されていたことが明らかとなった。これは明日香村だけではなく、全国的な傾向で、さらなる破壊行為が行われた地域も多くある。そのような中、明日香村をはじめとした古都飛鳥が全国の人々に愛され、国家的見地からも保存の対象として認められるに至った経緯を前節では第1期から第5期にかけて概観してきた。本節では各時期の特徴について改めて確認しておきたい。

まず第1期については、古墳等の破壊が確実に認められる中、それに対して保存する措置が取られず、唯一陵墓のみ修補等が実施されたことが認めら

れる。陵墓の修補については幕府と朝廷の関係性を向上するための手段とし
て用いられたものであるものの、その目的の一つとしては後世へ適切に伝え
るという意識も介在していたことから、保存措置の一環であったといえる。
また、陵墓以外の遺跡については本居宣長のように嘆き悲しむ事例にも垣間
見られるように、対策が全く講じられていなかったことがわかる。

　次に第2期では、陵墓以外の古墳も陵墓である可能性が否定できないこと
から保存すべきことが通達されているが、それ以外の遺跡については神社や
庭園造営に伴い破壊されることとなった。唯一、陵墓の陪冢として治定する
ことにより、破壊の危機を免れた事例が見られた。また、奈良縣史蹟勝地調
査會が設置されるなど、保存の必要性は広く周知されていたものの、川原寺
跡に見られるように、礎石の売却が未だ行われており、徹底したものではな
かったことが明らかとなった。

　次に第3期では、史蹟名勝天然紀念物保存法、さらには文化財保護法の制
定により、国家として史跡等の保存を推進する体制が確立した。本地域にお
いても指定の当初期から遺跡がその対象となったことは、その重要性が国家
的にも認められていたことを物語る。

　次に第4期では、初めて地上の景観についても着目され、古都の一員として、
明日香村等も加わることとなった。近隣市町村における宅地造成の波が押し
寄せる中、古都飛鳥を保存するための運動が村内外で活発に実施されていた。
特に御井敬三による「声の直訴状」を受け取った佐藤栄作首相の来村は保存
問題に大きな影響力を与えた。国家的な視点で古都飛鳥の重要性が改めて提
起されることとなった。一方村内からは住民生活の安定が大前提としてある
べきとの意見が出された。そのような中、住民生活の向上を図り、歴史的風
土及び文化財の保存・活用に資するための環境整備の促進も閣議決定におい
て決定された。

　最後に第5期では、閣議決定後も続く反対運動や特別立法に向けた要望活
動が活発化し、歴史的風土の保存と住民生活の安定向上を目的とした明日香
法の制定を以て地下の遺跡と地上の景観を守る体制が確立した。

　古都飛鳥では、地下の遺跡、地上の景観が重層的に重なり合い、それらが
一体となって歴史的風土を形成しており、本地域の魅力の根源を成している。

文化財		景観	住民生活
有形文化財	史跡名勝天然記念物		

有形文化財

廃仏毀釈
古器旧物保存の布告
明治 4 年太政官布告第 251 号 (1871 年)
保存すべき古器旧物の品名と
所蔵者を所管官庁へ提出

日清戦争により高揚した民族意識
古社寺保存法
明治 30 年 6 月 10 日法律第 49 号 (1897)
社寺所有の宝物・古建造物の
指定保存と修繕に対する補助

社寺以外の文化財の保護の必要性
国宝保存法
昭和 4 年 3 月 28 日法律第 17 号 (1929)
社寺以外の宝物等も対象

国宝保存法の未指定物件の海外流出
重要美術品等ノ保存ニ関スル法律
昭和 8 年 4 月 1 日法律第 43 号 (1933)
指定国宝の海外への輸出を禁止し、指定
物件の輸出に際しては主務大臣の許可が必要

史跡名勝天然記念物

古墳の発掘・破壊
御陵墓調査上発見ノ古墳届出方
太政官達第 59 号 (1874 年)
伝承地や古墳想定地の発掘規制

人民私有地内古墳発見ノ節届出方
宮内省達乙第 3 号 (1880 年)
古墳の発掘規制と不時発見時の届出制

近代化に伴う遺跡の破壊
帝國古蹟取調会の設立
名士・官僚・民間人等による
全国的な史蹟の調査・保存団体 (1900)

史蹟名勝天然紀念物保存法
大正 8 年 4 月 10 日法律第 44 号 (1919)
開発に伴う史蹟、天然紀念物を保存

法隆寺金堂壁画の焼失
文化財保護法
昭和 25 年 5 月 30 日法律第 214 号 (1950)
有形文化財、史跡名勝天然記念物、無形文化財を対象とし、文化財の指定や管理、
保護等に関する規定を定め、現状変更の際には許可が必要となる

鎌倉御谷騒動
京都タワー建設計画
奈良若草山等開発問題
第 1 回古都保存連絡協議会
神奈川県、奈良県等の首長等による
立法措置推進決議 (1965)

古都における歴史的風土の
保存に関する特別措置法
昭和 41 年 1 月 13 日法律第 1 号 (1966)
歴史的風土保存区域等を指定し、行為の
規制や行為に際しては届出または許可が
必要となり、土地の買入措置も実施

飛鳥保存問題

有形文化財
飛鳥・藤原地域における文化財の保存および
活用のための基本方策について (答申)
内閣総理大臣からの諮問に対し、地域住民の
生活と調和を図るとともに、民間の協力を
求めて歴史的風土を保存することを
答申 (1970)

史跡名勝天然記念物
飛鳥地方における地域住民の生活と調和した
歴史的風土の保存のための方策について (答申)
文部大臣からの諮問に対し、周辺環境も
一体として保存活用の対象とし、適切な
整備をおこない、住民の生活を十分考慮
した措置とすることを答申 (1970)

住民生活
明日香の将来を考える村民会議
明日香村の将来について、
村民の意見を聞く (1970)

飛鳥地方における歴史的風土及び文化財の保存等に関する方策について (閣議決定)
飛鳥地方の住民生活の向上と、歴史的風土及び文化的資産の保存、活用のための環境整備 (1970)

高松塚古墳極彩色壁画の発見

規制の反対運動、特別立法の要望等
明日香村における歴史的風土の保存と生活環境の整備等に関する特別措置法
昭和 55 年 5 月 26 日法律第 60 号 (1980)
古都保存法の特例として、全域を歴史的風土特別保存地区に相当する地区として
指定するとともに、住民生活との調和を図るための支援も実施

図 2　古都飛鳥保存の軌跡

しかし従前を振り返ると度重なる破壊の憂き目に遭っており、すでに失われたものも少なくない。本稿ではその破壊をただ傍観するのではなく、保存することを主張した多くの方の尽力により、それらが保存されてきたことを述べてきた。しかし古都飛鳥は明日香法という法律により歴史的風土の保存と住民生活の安定向上が図られていることから、他地域とは異なった保存措置が図られている。今後、他地域において新たな破壊が発生した場合、同様に反対運動等を通じて保存措置が図られることになると想定されるが、その際に住民生活の安定と向上を目的としている明日香法の理念が参考となることを期待する。古都飛鳥の保存が果たした役割は本地域を様々な問題から保存するという側面がある一方、これからの保存問題に対する対応の手法の一つを提示したものとして評価されるべきものともいえる。

　1970年当時の古都飛鳥は、景観的側面のみに着目すると、独自性や特異性を見出すことができず、周辺地域にも類似した様相を看取できた。つまり本質的な価値は飛鳥時代の歴史的な事象が展開された地であるという認識であった。このことは風景が歴史の直接的な痕跡である遺跡・遺物の舞台装置にすぎないとする見解[10]にも通じるところである。現在、明日香らしいと呼ばれる所以となる景観・風景は、かつては本地域特有のものではなく、他地域では高度経済成長に伴う社会変化とともに失われたとする指摘もある（坂井2005）。一方、2014（平成26）年3月に改訂した『明日香村文化財総合管理計画』では、史跡等について、地域の景観の核を構成する重要な要素として位置付けている（明日香村2014）。この景観は飛鳥時代から人々の暮らしの中で築きあげられ、連綿と受け継がれてきた集落や農地等も含んでおり、当然そこに住む住民も対象としている。今日の明日香村における文化財行政においても本地域特有の景観との調和の必要性を示しており、その重要性についても十分理解していることが窺える。さらに2011年3月に策定した『明日香村景観計画』では、飛鳥時代の遺跡を核とし、山地や丘陵地等が一体となった歴史的風土と住民の暮らしや生産活動の過程で形成される集落景観、産業景観が重層的に構成されていることが本地域の特質として明記されている（明日香村2011）。このように、明日香村では地下の遺跡と地上の景観、さらにそれを支える住民等の関係性は文化財、景観両者からもその重要性が認知され

ており、別々のものではなく一体的なものとしての取り扱いを受けている。明日香法制定後40年が経過し、それに基づく各種取り組みやその後各種計画等の成果により、明日香法の真価をようやく評価することができ、本質的な価値がさらに磨き上がるとともに、舞台装置といわれる景観が新たな価値として確立した。それを支える住民の協力体制も構築されている。多くの人に親しまれている本地域は、いくつもの破壊と保存の歴史から構成されていることが明らかとなった。古都飛鳥や明日香村を愛する人、そしてそこに住む住民の協力により、守られていることを再認識する必要がある。

おわりに

　古都飛鳥の保存については、その対象が時代によって変化してきており、それが重層的に積み重なった結果、今日の保存体制が確立している。各時期において、様々な問題に直面し、その解決策として多用な保存手法が創出された。古都飛鳥でも明日香村だけが対象となる問題もあれば、日本全国で共通的な問題もある。古都飛鳥の保存の歴史を振り返ると、全国的な破壊と保存の歴史を網羅できるとともに、明日香村の特異性が顕在化することを明らかにすることができた。このことは、今後発生する様々な事象への対処方法等の一つの指針になるとも考えることができる。破壊によりすでに失われた遺跡や景観は全国に多数存在する。それが土台となり、現代の保存体制が存在することを改めて認識し、単に過去の破壊を非難するのではなく、その経験を踏まえることにより、未来の人々へ適切に伝えることができる。

註
1)　本稿でいう古都飛鳥とは、6世紀末から8世紀初頭における我が国の政治・文化等のあらゆる中心的機能を有した地であり、現在の行政区分でいう明日香村と橿原市、桜井市の一部を指す。
2)　地下に眠る遺跡とは文化財保護法第92条第1項において土地に埋蔵されている文化財と定義されている埋蔵文化財のことを指す。しかし本稿では文化財保護法制定前も言及していることから、用語の統一性を図ることを目的として「遺跡」に統一している。
3)　中世においても古都飛鳥の主要寺院であった飛鳥寺や川原寺、橘寺、山田寺が落雷等により焼失しているが、本稿では人為的な破壊とそれに対応する保存措置に焦点を当てているため、寺院の焼失については言及を避けることとする。
4)　その後、いくつかの名称変更を経て1926年に皇室陵墓令施行規則（1926年10月21日宮内省令第8号）により「陵墓参考地」となった。現在の陵墓参考地は、天皇あるいは皇族の墳墓

であったものの可能性がある場合を陵墓参考地として指定し、皇室用財産として宮内庁が管理することとしている。1948 年 5 月 2 日に皇室令の関連法令が廃止されたことに伴い、陵墓参考地の法的根拠は失われている。

5) 史蹟名勝天然紀念物保存法では「史蹟」「紀念物」を用いていたが、当用漢字を用いることとなり、文化財保護法では「史跡」「記念物」としている。本稿でもそれに倣い、文化財保護法制定の前後で使い分けることとする。

6) 奈良縣史蹟勝地調査會とは 1913 年に設立された組織で、同會の規則では、その第一条で知事の命により史蹟名勝及び天然紀念物等に関する事項を審査すること、第二条で保存上必要となる施設計画を知事に建議することができることを明記している。同會は 1919 年に奈良県史蹟名勝天然紀念物調査會と改称している。同會は奈良県下における発掘調査を実施するとともに、その成果を公表してきた。実質的な事務は奈良県が執り行い、同會は 1951 年に解散し、その後は県立機関として位置付けられた橿原考古学研究所が奈良県における調査研究部門を担うこととなった。

7) 同会は名士等が中心となった組織であり、学者は会の運営から一定の距離を置いていたとされる。その要因として、同会では天皇や偉人関係の史蹟を主な対象としており、それらの顕彰を通じて国体を維持・発揚し、人心強化に資するという意義が強調されており、学者はその論理を認めつつも誤った史蹟の考証への批判を展開するとともに、広く学術資料となる史蹟を保存すべきことを論じたと指摘されている（齋藤 2015）。

8) 現在は文化財保護法附則第 5 条で明記されている。

9) 古都保存法は全国の「古都」の歴史的風土を守るために制定された法律である。この法律の特徴としては、市民運動がきっかけとなって制定されたという点である。住民が寄附を出し合って設立した財団法人鎌倉風致保存会が開発予定地を買い取り、歴史的環境の保全を成し遂げた、日本版のナショナル・トラストの原型とも称される（伊東 2021）。

10) ここでは飛鳥地域を単なる農村風景として見る場合、そこに特有のものは認められず、周辺にも少なからず類似した景色が残されていると指摘している（横山 1970）。本地域の特質が過去の歴史的な事件の舞台であり、過去の歴史と深く結びついていることとしている。

引用・参考文献

明日香村　2011 『明日香村景観計画』

明日香村　2014 『明日香村文化財総合管理計画（改訂版）』

明日香村　2021 『明日香法制定 40 周年記念資料集』

天沼俊一　1917 「高市郡高市村發掘石造物附酒槽石」『奈良縣史蹟勝地調査會報告書』第四回　奈良縣、pp.16-18

伊東　孝　2021 『「近代化遺産」の誕生と展開　新しい文化財保護のために』岩波書店

上田三平　1927 『奈良縣に於ける指定史蹟』第一冊、史蹟調査報告第三、内務省

上田三平　1928 『奈良縣に於ける指定史蹟』第二冊、史蹟調査報告第四、内務省

内田和伸　2020 「史跡等の本質的価値の構成要素の移築をめぐって―近代奈良における数寄もの高橋箒庵の伽藍石蒐集と遺跡保護―」『史跡等の保存活用計画―歴史の重層性と価値の多様性』平成 30 年度遺跡整備・活用研究集会報告書、奈良文化財研究所、pp.151-158

橿原市千塚資料館　2001 「五条野宮ヶ原 1・2 号墳の調査」『かしはらの歴史をさぐる 9　平成 12 年度埋蔵文化財発掘調査成果展』pp.23-28

河上邦彦　2005 『大和の終末期古墳』学生社

京都帝国大学文学部考古学研究室　1937『大和島庄石舞台の巨石古墳』京都帝国大学文学部考古学研究報告第 14 冊

黒板勝美・高橋健自　1912「史蹟保存に関する建議書草案」『考古学雑誌』第二巻第五号、pp.55-67

齋藤智志　2015『近代日本の史蹟保存事業とアカデミズム』法制大学出版局

坂井秀弥　2005「史跡にとっての地下遺構・景観・住民─明日香から考える─」『飛鳥文化財論玫─納谷守幸氏追悼論文集─』同刊行会、pp.256-262

佐藤小吉　1913「牽牛子塚」『奈良縣史蹟勝地調査會報告書』第一回、奈良縣、pp.41-42

佐藤小吉・阪谷良之進・稲森賢次　1920「牽牛子塚」『奈良縣史蹟勝地調査會報告書』第七回奈良縣、pp.29-41

島本　一　1936「中尾山古墳に就いて─封鎖に関する観察─」『考古学雑誌』第二十六巻第十號pp.52-60

高市郡役所　1923『奈良縣高市郡古墳誌』pp.173-174

高橋健自　1904「古利の遺址」『考古界』第四篇第壹號、考古學會、pp.20-25

高橋箒庵　1924『甲子大正茶道記』慶文堂書房

高橋知奈津　2010「奈良県の近代和風造園」『奈良文化財研究所紀要 2010』奈良文化財研究所、pp.48-49

高取町教育委員会　2004『国指定史跡高取城跡基礎調査報告書』高取町文化財調査報告第 30 冊

辰巳俊輔　2023「陵墓制札の変遷とその意義」『考古学研究』第 70 巻第 3 号（通巻 279 号）、考古学研究会

奈良縣　1920『奈良縣史蹟勝地調査會報告書』第七回

奈良県立橿原考古学研究所編　2005『陵墓等関係文書目録　末永雅雄先生旧蔵資料集　第 1 集』社団法人橿原考古学協会

奈良県立橿原考古学研究所　2012『史跡・名勝　飛鳥京跡苑池（1）　飛鳥京跡Ⅴ』奈良県立橿原考古学研究所調査報告第 111 冊

奈良国立文化財研究所　1960『川原寺発掘調査報告』奈良国立文化財研究所学報第 9 冊

平澤　毅　2019「記念物行政一〇〇年略史」『月刊文化財』670 号、第一法規、pp.7-13

堀口建弐　2001「大和高取城の石垣─改修年代を中心─」『大和高取城』城郭談話会、pp.219-232

松本崇秀　2001「高取城天守曲輪石垣における転用石の使用状況について─古墳石材を中心に─」『大和高取城』城郭談話会、pp.233-246

本澤清三郎　1904「廢大官大寺」『考古界』第四篇第貳號、pp.12-18

横山浩一　1970「飛鳥の遺跡と遺物」『月刊文化財』第 87 号、第一法規出版、pp.32-40

和田勝彦　2004「文化財保護法の制定経過とその制度構成」『日本の史跡─保護の制度と行政─』名著刊行会、pp.29-60

和田勝彦　2015『遺跡保護の制度と行政』同成社

明日香法とこれからの景観

増井　正哉

1　明日香法の意義

　明日香法が制定されたのは、ちょうど私の大学卒業の年で、遺跡や歴史的町並みの保存に専門的に取り組みはじめた年でした。日本の歴史的環境保全の流れから考えると、大きな転換期に明日香法が成立したと思います。伝統的建造物群保存地区の制度が 1975（昭和 50）年にできて町並み保存がはじまり、社会的に景観の保全など、歴史的なものが大事だという認識が深まってきた時代です。先行した古都保存法は歴史的風土を開発から守るという、簡明な目的があり、そのために損失補塡を組み込んだ当時としては画期的な制度でした。ただ歴史的風土のなかに人々がくらし、そのくらしが歴史的風土の保存を支えている明日香村は他の適用都市と条件が異なりました。当時としても希少になりつつあった伝統的な集落景観の価値も評価されていました。40周年を機会に当時の村での議論を読み直すと、歴史的風土と自然的人文的景観、生業と景観の関係、観光と地域環境の保全、そして心のふるさととしての佇まいと開発の関係など、現在に通じるテーマばかりです。1960 年代、70年代に住民が積極的に関わるかたちで、これほどの議論が行われたところは他所にはないでしょう。そうした議論の過程もあって生まれた明日香法は、土地利用を中心とした規制で歴史的風土を保存することと、地域のくらしの向上を抱き合わせにしていて、その後の保存と開発のあり方を先取りしたものになりました。それぞれに個性的な集落・地域を抱える全村を対象としたところも意欲的でした。

　集落景観には変わらない基盤・骨格があって、人の手になる部分（田畑・山林・集落）はくらしにあわせて更新されていきます。残すべき景観があって、

その中で建物が建て替わっていきます。明日香法はブレーキ（景観の保存）と
アクセル（景観の更新）の両方を同時に操作する制度と言えましょう。1980 年
という早い時期に制度が作られ、両者のバランスを保ちながら進めてこられ
たことはモデル的で、非常に稀有な例といえます。このことは世界に誇るべ
きことだと思います。

2　景観と魅力増進

　明日香法は土地利用と建物の形態を規制することで景観をコントロールし
てきましたが、明日香法以降で大きな画期となったのは 2004 年の景観法成
立です。景観法にもとづいて村の景観条例ができ、「明日香村景観計画」が
策定されました。新しいゾーニングとゾーンごとの目標設定など、景観を守
ることだけではなく、よりよい景観を目指す仕組みになっています。規制が
厳しくなったところはほとんどありませんが、景観に関するルールがより詳
細になりました。この背景には、古都保存法・明日香法から年をへて、集落
のなかで共有されてきた「住まいの形」のイメージ、それを形にしてきた大
工さんなどの建築生産の仕組みが大きく変わって、概括的なルールでは対応
できなくなったことがあります。意匠的にも優れた指導ができるようになっ
て、景観の質が高まってきました。景観計画が果たした役割は大きかったと
思います。さらには、「檜前いおり野」住宅地のように、伝統的集落の景観
に学び調和をめざした市街地も生まれています。

　明日香法のもとでのさらに大事な変化は、村の魅力が再認識されたことで
す。もともと、ひろく人気があったところではありますが、遺跡などの歴史
遺産に加えて集落景観や歴史的建物の魅力が再認識されてきました。役場で
も空き家のマッチングなどのサポートをしていて、移住者が増えてきてお店
をされたり、景観や建物の活用の仕方のオプションがわかりやすく示されて
きました。景観の質が高まっていくことで地域の魅力を高め、そこにさまざ
まな人がやってきて、相乗効果的に地元の方々も元気が出てくるという循環
が生まれています。この動きは全国的なものですが、明日香村の場合は他の
地域より 10 年ぐらい早く取り組めているように感じます。住民の方々にとっ
ては規制と考えられたかもしれませんが、明日香法による歴史的風土の保存

とくらしの基盤の整備の効果が大きかったと思います。

　明日香村景観委員会での議論を聞いていると、この 10 年間ぐらいで、遺跡、景観、土地利用の問題に対して、共通の価値観が生まれつつあることがわかります。とくに明日香法以降に生まれ育った方々のなかに、共通の未来像を思い描くバックグラウンドができつつあると思います。そうした価値観の共有はひろがりつつあって、今後に大いに期待しています。

3　これからの明日香村

　明日香景観計画では大字別の景観計画づくりも注目すべき特徴です。自分たちの住んでいる地域の景観を、細かなレベルで見直す作業を大字ごとに進めています。この作業をきっかけに、考えていただきたいことがあります。例えば身近な畦道が宮殿跡と関わっていたり、近所の道は実は古代にはこんな意味があったという驚き、つまり自身の生活環境の豊かさを認識し、わくわく感を体験することは、これからのくらしのなかで、より大きな意味をもってきます。まちづくり・むらづくりのなかで自分たちのまちやむら、自分たちのくらしている場の再評価が求められていく時代になっていくのです。村が進めている「まるごと博物館」は、住まい手にとってもくらすことの楽しみの場でもあるはずです。

　これからの大事な課題として、世界遺産の登録推進があります。このことには、世界遺産になって世界中に明日香村の価値を知ってもらいたいという目的と、世界中から明日香村にやってくる方々に明日香村の魅力を再発見・再評価してもらいたいという両方の意味があります。住まい手にとっては、地域の魅力や価値をもう一度再認識することと、同時に外の目で再評価してもらうことの両方の意味があるのです。

4　景観に補助線を引く

　私が授業でよくやってきたことに、入江泰吉さんが撮った甘樫丘からの飛鳥集落を映した写真の今と昔の比較があります。建物は増えていますが、古代からの骨格になる飛鳥寺がたてられ、飛鳥寺の北側の境界が変遷し、その後飛鳥坐神社が鎮座して、近世的な門前的景観になりました。そして、明日

香法のもと、みなさんの懸命の努力で維持された景観があります。明日香村の景観が、私たちの言い方になりますが、歴史的に「重層的な景観」であることがよく分かる例です。

　景観には、例えばピラミッドのように説明なしに感動できるものと、ある見方が加わると、より感動し理解できる景観の両方があります。私たちがすべきことは、その見方を示す補助線を引くことです。いろいろな時代の絵が重なり合って見えているのが現在の景観です。絵が重なって隠れて見えないところに補助線を引き、「ほらこんなふうに見える」と示すこと。それが、重層的な景観の活かし方かなと思っています。たとえば牽牛子塚古墳の整備は、現代までつづく重層的な景観に古代の補助線を引こうとしているとみることができます。古墳の姿を理解しやすくするだけではなく、近隣の集落や古墳からもよく見えていて、現代の重層的な景観のなかで古代の景観を体験できるのです。明日香法で基本的な土地利用が守られてきた明日香村だからこそ可能な、遺跡を活かした景観づくりではないでしょうか。

明日香史跡研究会
明日香の将来を憂い期待した若者達

　1969(昭和44)年4月、明日香史跡研究会が発足した。当会の会誌『賀夜奈流美』の創刊号において「偉大な歴史と豊かな自然に恵まれた明日香で生涯を過したいと願ひ、そこに生きる喜びを史跡を通して見出さんがため」に活動を開始し、「大都市等では公害問題が続出し、各地で生活環境の重要性が見直されるよう」になり、「明日香村内でも史跡を守る運動や自然を守る運動が活発になって来た」とし、「これからは単なる一団体に留まらず、広く村民と共に活動を展開しなければならない」として、正式に当会を発足させたと述べられている（福井 1971a）。当研究会は村内に在住する20代前半のいわゆる若者十数人を中心に組織された団体である。制定当初の規則第3条では、「埋蔵文化財並に古文化財、その他の文化風俗等の調査」、「史跡案内の充実」、「講演会並びに研究発表会の開催」、「明日香の未来像の作成」等が規定されている。具体的な活動として、村内に点在する石仏や道標の悉皆調査、観光来訪者のための木製案内サインの作成と設置があり、1974（昭和49）年に刊行された『明日香村史』編纂にあたっては、全会員が特別調査員に選定されるなど、村行政においても重要な役割を担っていた（明日香村 1974）。また、1970年代の明日香を写真としても残されており、当時の情景を知る上でも貴重な資料が提供されている（西田 2022）。

　明日香の保存が全国的に注目される中、1970（昭和45）年5月24日に当時の高市小学校講堂で「"郷土の将来を考える"明日香村民会議」が開催された（明日香村 2021）。当会議には村内の各団体の代表をはじめ、約200名の村民が参加した。これを主催したのが当研究会である。第1章で藤田も言及しているように、主催者を代表して福井清康が、明日香村の将来を国や県から一方的に決定されることへの反対、そして発展には村民自身が将来を見据え、その実現に向けて努力しなければならないことを述べている。参加者からの意見を総括する

明日香村民会議の様子

と「保存は村民が住居していく上にも史跡の重要性からも必要であり、現在の特別区、風致地区域はやはりやむを得ない事と考えられる。」、「そのために村民の生活の近代化にブレーキをかける事があってはならない。」、「保存にしろ、開発にしろ、村民の生活向上につながるものでなくてはいけない。その為にも、その両者がうまく調和して進められる必要がある。」となったようである。しかし主催者は具体的な内容の言及が少なかったと感じたようで、当会議を契機として村民一人一人がさらなる問題意識を有することを期待している。

　当会議を主催した明日香史跡研究会は前述したように村内の若者達で構成された団体であった。将来の明日香の発展を担う若者が、問題意識を明確に持ち、将来への不安と期待を抱きながら、村民、各団体の代表、村議会議長、そして村長が出席する場で会議を主催、進行した。明日香法の目的は法律の名称にも表れているように「歴史的風土の保存」と「生活環境の整備」である。歴史的風土の保存を直接担う村民の生活環境を整備することが大前提とする法律の誕生の背景には、村民自らが将来を憂い、若者が主体となって会議を主催し、問題意識を明確にするという情熱的な意識が存在していた。

　当研究会の会誌創刊号において、福井清康は「明日香の魅力は史研（明日香史跡研究会）だけではない、景観だけでもない。青年が共に手を取り合い、それらの上に、更に別な魅力を自らの力で作り上げて行こうとしている、その姿こそが、真の魅力である。それが将来、明日香の発展に、あるいは自己の発展につながるものであると確信する。」と述べている（福井1971b）。明日香村の魅力を創造するのはまさに「人」であり、その後の明日香法の神髄にも繋がる発想といえる。

（辰巳俊輔）

引用・参考文献
明日香村　1974『明日香村史』下巻、明日香村史刊行会
明日香村　2021『明日香法制定40周年記念資料集』
西田紀子　2022「明日香村内に伝わる地籍図と写真」『奈良文化財研究所紀要2022』奈良文化財研究所
福井清康　1971a「明史研と共に」『賀夜奈流美』創刊号、明日香史跡研究会
福井清康　1971b「私はこうも考える」『賀夜奈流美』創刊号、明日香史跡研究会

第 3 章

明日香法から現在・未来へ

これからの文化財・景観の保存と活用
はどうあるべきか。明日香法のもと、
継続してきた様々な取組を振り返り、
これからのあり方を考える。時代の変
化とともに、「明日香らしさとは何か」
を問う営みは続いていく。

明日香法が果たしてきた役割
明日香法制定以後の取組とそれが与えた影響

木治　準宝

1　明日香村整備計画による集落景観の整備

　奈良県知事により明日香法第4条第2項に基づく明日香村整備計画が10年ごとに作成され、明日香村における歴史的風土の保存と住民の生活との調和を図るための事業が行われてきた。第1次明日香村整備計画（1980（昭和55）年～1989（平成元）年）では、住民が健康で豊かな生活を享受できるよう生活環境を中心に整備が実施された。その整備により、明日香村は、水道普及率98.17%（2021（令和3）年度）、下水道普及率97.2%（2021年度）と、生活環境に関する整備が行き届いている。

　第2次明日香村整備計画（1990年～1999年）の期間である、1991年には、官民による「歴史街道推進協議会」が発足し、三重県伊勢市を起点に、奈良、京都、大阪、神戸までの300kmを結ぶ歴史街道計画のマスタープランが取りまとめられた。マスタープランでは、①日本の歴史文化や、日本人の心を世界にアピールする文化発信基地づくり②新しい知的余暇ゾーンづくり③開発の犠牲になりがちな歴史資源を活用した新しい地域づくりの3点が打ち出された。

　明日香村では、東西に走る県道を挟ん

図1　電線類地中化を伝える新聞記事（産経新聞1994年1月11日）

で、南に橘寺、北に川原寺があり、観光客が記念写真を撮る格好の場所であったが、県道沿いに立つ電柱が視界に入るため写真が写しにくく、電柱撤去を望む声も多かったこともあり、歴史街道整備事業に伴って、県道170mの区間で電線の地下埋設工事が行われた。地下埋設区間の前後の区間では、こげ茶色の細身の「美装電柱」に交換されている。その後、石舞台古墳周辺県道、高松塚古墳周辺県道、雷丘（いかづちのおか）から奥山集落の県道、飛鳥駅前の電線類地中化工事が行われた。近年では、沿道だけではなく、地域住民の暮らし向上及び観光面での魅力向上を図るために、岡寺門前町の岡集落や飛鳥坐神社（あすかにいます）参道の飛鳥集落で、景観阻害の要因となっていた電柱や電線類を積極的に撤去し、明日香らしい街並み景観を創出する整備が行われている。明日香村では、電柱は、過去にも、また現代にも話題を欠かないものとなっている。

　1971（昭和46）年12月には、夏につけ替えられたばかりのコンクリート電柱を木製に復活する工事が進められた。当時、電力会社等による共架電柱新設計画でコンクリート柱50本が持ち込まれたところ、万葉、考古学者から「景観無視」との声があがり、飛鳥路全体の電柱整備計画が練り直されたのである。新聞記事には、甘樫丘（あまかしのおか）や雷丘、豊浦の飛鳥川周辺では、電柱の本数を三分の一に減らすとし、担当者のコメントには、「これが現代生活と景観保存のギリギリの妥協点」とある。その取組から40年余りの年月が経過し、情報化社会が進む中、木製電柱には、光ケーブル網を共架することができない

図2　飛鳥集落の電線類地中化と美舗装整備

木の電柱をコンクリート型に取り替えているのではない。その逆である。

ここ飛鳥の里、奈良県高市郡明日香村で、今夏つけ替えられたばかりのコンクリート電柱を、古色豊かな（？）な木製に復活する工事が進められている。

関西電力と電電公社の共架電柱新設計画で、万葉、考古学者が「景観無視」と怒った。飛鳥保存財団理事の菅原遍関電会長あてに、コンクリート電柱五十本が持ち込まれたため、飛鳥路全体の電柱整備計画が練りなおされた。

後方の甘樫丘（あまかしのおか）や雷丘（いかづちのおか）らに手前の飛鳥川が流れる豊浦地区では本数を三分の一に減らす。担当の関西電力は「これが現代生活と景観保存のギリギリの妥協点」といっている。　〈横山〉

図3　電柱問題を報じる新聞記事（読売新聞1971年12月13日夕刊）

として、電力会社の協力により木製電柱から着色の鋼管電柱に建替を行い、全村に光ケーブル網を通すことが可能となっている。

第4次の明日香村整備計画期間では、酒船石遺跡に隣接する場所で、甘樫丘から飛鳥京を眺望する景観の中に存在していた生コンプラントが古都保存事業により撤去された。この物件は、法以前に建設された既存不適格で、長年、景観阻害となる物件として話題にされていた。撤去後、亀形石造物、酒船石などを訪れる人が、駐輪や休憩場所に利用できる広場となっている。

2　住民の自主性により行われてきた取組

明日香村の棚田の起源は15世紀まで遡るとされ、数百年にわたって代々、稲作が続けられてきた。棚田は農地を確保するために開墾していった結果と思われる。しかし戦後の高度成長とともに何時しか非効率的な農地として追いやられ、手付かずの箇所が随所に目立ち始めた。放棄地の多くは、平地に比べ数倍の労力を要する小面積の田んぼに多く見られる。労働に見合う収入に結びつかないため、やむなく耕作に見切りが付けられてきたのである。他地域では、大規模な農地造成や施設栽培などにより農業が続けられてきたが、本村の特に棚田地域においては、大きな土地の改変や、積極的な施設栽培を、法により行うことも難しかったが、住民自らも律し、それにより、歴史的景観が保全されてきたのである。しかしながら、どうしても維持管理のできなくなった土地所有者が古都保存法第9条の申し出を行い、徐々に古都買入地が増え続けた。減反政策も追い打ちをかけたと思われる。「非効率な農地を耕作する者が減り、効率的な活用ができない農地は、古都保存法により県所有の公有地になっていく。公有地となり草刈りのみの管理になれば農地としての機能を果たさなくなり、その周辺の農地も耕作することが困難になる。わしらがおる間はなんとかなっても、わしらが死んだ後は、ここは猪の巣になってしまう。このままでは一生懸命農業をやっているもんまでやる気を失くしてしまう。」というのが地元住民が歴史的風土の将来を心配した声である。棚田はその特性から耕作をやめてしまった時の周囲への影響が、水の確保や畦畔の崩壊など平地の田んぼより大きく、将来に、棚田を残すためには、一時でも活動を中止することは非常にリスクが大きいのである。そうした中

図4　稲渕地区の棚田オーナー制度　　　　　図5　稲渕棚田

で、「私のふるさとは土の臭いがする明日香。きっと都会の人たちもそんな明日香に来てみたいと思ってくれる筈。棚田の美しさにはそれだけの魅力がある。都会の人にお金を払ってもらい、地元の人が米作りを教える。都会の人は自分の作った米を持って帰ってもらう。」と提案を行う行政職員の声が発端となり、集落全体へ呼びかけを行ったのである。農業を続けることはつらく大変なことであることから、「高いお金を払って農業体験に来る人がいるとは思えない。」との不安の声が多かったが、「都会からほんとうに大勢来てくれはるかどうかは、やってみなわからへん、もし来てくれたら村おこしにつながると思う。」と集落が立ち上がり、古都保存法による買入地を中心に、都会との交流、集落の活性化を目指し、1996（平成8）年に稲渕地区で棚田オーナー制度をスタートさせた。その後、1998（平成10）年には阪田地区でうまし酒オーナー制をスタートさせ、現在7地域でオーナー制度を行っている。当時は、まだ、文化財ブームによってもたらされた観光公害アレルギーが拭い去れていない時期でもあり、また、都市住民を受け入れ、一緒に活動を行うことが考えられなかった時期であったが、この取組がきっかけとなり、明日香村の住民が都市交流による村づくりを進めていけるようになったと思っている。オーナー制度は、歴史的風土を守っていくために始められた取組ではあるが、明日香村の農資源等を活かし、都市住民との交流を行う「歴史的風土の創造的活用」にもつながっていくきっかけになったとも思っている。実際、2000（平成12）年の第3次明日香村整備計画策定の歴史的風土審議会において、「歴史的風土の凍結的保存から創造的活用へ」と転換が図られた

のである。本制度を立ち上げてから25年が経過した現在、当時の中心メンバーであった方々が80歳代まで高齢化し、当初に心配されていた、都会からの人々を受け入れるインストラクターを担う人材の不足が問題となってきている。明日香法の制定により、規制を強いられてきたと感じる住民が、規制によって守られてきた歴史的風土を保全するための取組を自ら制度をつくり積極的に取り組んだ最大の事例であり、今後も続いて欲しいと切に願うものである。しかしながら、どのような制度や取組においても同じように、立ち上げた方々の熱意を次の代に引き継いでいくことは非常に難しいと感じている。

3　規制によりつくられてきた景観

　明日香村は全域が、明日香法により歴史的風土特別保存地区として指定され、第1種歴史的風土保存地区は、歴史的風土の保存上枢要な部分を構成していることにより、現状の変更を厳に抑制し、その状態において歴史的風土の維持保存を図るべき地域、第2種歴史的風土保存地区は、著しい現状の変更を抑制し、歴史的風土の維持保存を図るべき地域として、厳しい土地利用規制が行われてきた。その結果、法制定以前の地形が大きく改変されることなく、「日本のこころのふるさと」といわれる風景が良好に残されている。航空写真からは、歴史的風土特別保存地区である明日香村と隣市の橿原市との行政界がはっきりとわかる。

　また、住宅や倉庫などの建築物の新・増・改築の際には、古都保存法

図6　橿原市と明日香村の行政界

図7　古都保存法を遵守した建築物の例

図8　大字景観計画

の許可基準を遵守する必要がある。内容は、屋根が、瓦、わら、檜皮、銅板、木板その他これらに類似する外観を有する材料でふかれており、かつ、その外壁が、しっくい、木板その他これらに類似する外観を有する材料で仕上げられていることという厳しい内容となっている。規制による住民への負担を軽減するため、明日香法第8条による明日香村整備基金の運用から生ずる収益により、屋根瓦や外壁それぞれに補助単価を設定し、改修面積に応じて補助が行われている。住宅開発が盛んであった明日香法が制定される以前は、屋根瓦は、青や橙などの着色瓦やスレート瓦が流行し、外壁においては、簡易的に、トタン板の使用なども見受けられ、明日香村も全国の他都市と同じ状況であった。建築物は、一定年数を経過すると改修が必要となるため、40年間にかけて、建替や改築が行われてきた。規制を守って行為を行うということは、その当時の景観を保存することであるが、既存不適格の物件が改修されることにより、許可基準に合致する歴史的風土と調和した集落景観が創出される結果となった。これは、一朝一夕でなし得ることではなく、長年の住民の理解と協力によりなし得たものである。さらに、明日香村では、2010（平成22）年に景観法に基づく明日香村景観条例を制定し、2011（平成23）年に明日香村景観計画を策定している。古都保存法や明日香村風致地区条例などにより、明日香村の歴史的風土保存に取り組んできたが、新たな建築工法や新建材が流通し、歴史的風土や周辺の景観になじまない意匠の建築物の立地や工作物等も散見されるようになってきたこと、そもそも古都保存法等の規制は、全村を対象としたものであるため、集落毎の特徴を考慮したものではないことから、よりわかりやすい景観形成

基準として、景観計画では、軒先・ケラバ・庇の壁面からの出は 450mm 以上にするなど、詳細を定めるとともに、大字毎の景観計画を定め、それぞれの集落で建築等の行為を行う場合のルールなどを定めている。

4 景観保全を行うボランティア活動及び企業によるCSR活動

明日香村の歴史的風土は、休耕田、耕作放棄地、荒廃竹林の増大によって損なわれる危機にさらされているという課題に対し、第 46 回歴史的風土審議会特別部会の委員であった三木健二により、「参加・滞在型」の歴史的風土保全活動について提言が行われた。一般財団法人明日香村地域振興公社が呼びかけを行い、2002（平成 14）年に景観保全作業にあたるボランティアを募集し、2 泊 3 日の作業キャンプが開始された。1 回目、2 回目の作業キャンプは、公社主催によって行われ、2 回の作業キャンプ参加者のうち、有志が集まり 2004（平成 16）年に「景観ボランティア明日香」が結成された。以降、景観ボランティア明日香と一般財団法人明日香村地域振興公社が共催し、作業地となる集落（大字）住民が協力する協働による景観保全作業が行われている。「景観ボランティア明日香」の作業キャンプは、第 1 に、ちょっぴり汗をかきながら、古代のロマンに思いをはせつつ、泊まり込みで作業し、景観保全・修復に貢献するという達成感に浸ること、第 2 に、地元の人たちと一緒に作業し、都市住民と明日香村の人たちの交流を深めること、第 3 に、宿舎で飛鳥の歴史を学び、世代間を超えて交流・歓談し、"あすか大好き人間"を一人でも増やすことを目的として、年に日帰りの活動を 2 回、2 泊 3 日の活動を 1 回していただいている。

2006（平成 18）年からは、シャープグリーンクラブにより、遊休地化した古都保存法による買入地の棚田で、万葉集に詠われたヤマザクラ、ザクロ、イチジクなどを植栽し、周辺の里山や竹林も含め段階的に除草や伐採などの活動を実施し、「明日香の森」として整備が行われている。

図 9 景観ボランティアの活動

図10　企業CSR活動「明日香の森」マップ　図11　大学生による景観ボランティア活動

　毎年継続して活動する中で、活動時のボランティアスタッフの昼食に、周辺施設で使える飲食補助券の導入や、「明日香の森」で収穫したブルーベリーなどの果実を明日香村内でジャムとして加工し社内で利用するなど、地元とともに活動をしていただいている。また、2015（平成27）年には、一般社団法人飛鳥ケイミュー橘の里が設立され、「奈良県並びに明日香村とケイミュー株式会社との連携と協力に関する協定」のもと、国営飛鳥歴史公園にある高松塚古墳隣接の遊休農地で、日本古来の柑橘種である橘の栽培を実施し、その果実を活用した商品開発及び販売を実施することで循環型の活動をしていただいている。

　学生ボランティア活動では、2006（平成18）年から2009（平成21）年にかけ、関西大学ボランティアセンターの学生スタッフが、明日香村の中心を流れ、万葉集にも詠われる飛鳥川の草刈りと花桃の植樹を行い、毎年きれいな花を咲かせている[※]。2016（平成28）年からは、NPO法人国際ボランティア学生協会の京都京田辺クラブが稲渕のオーナー制度との共同事業として、稲渕での取組を映像で記録しYouTubeなどで全国に発信することで、幅広い世代に棚田の魅力や保存の意義を訴えかける活動を行っていただいている。

　他にも、これまでに飛鳥川の原風景を取り戻す仲間の会や地方銀行のご協力により景観保全活動を行っていただいている。それぞれの活動を行う際には、継続させるためにはどのようにすればよいのかや、地元とのつながりを考慮していただいており、皆様方の活動や取組に対する想いに対し、厚く感謝している。

　明日香村の歴史的風土や景観を守るためには、村の財源や住民の活動だけ

では成り立たず、このような活動が今後も継続して行われることを期待するとともに、新たに活動を行っていただける団体などの増加を期待して、明日香村の現状や課題を広く啓発する活動が重要であると感じている。

（※）2023年、特定外来物被害により伐採。

5　歴史的風土の創造的活用

　明日香法制定から20年が経過した2000（平成12）年、明日香村の歴史的風土に関する検討を行う国の審議会において、開発の抑制を行う凍結的保存から、歴史的風土の保存と利活用の両立を図り、明日香村の歴史的風土を創造

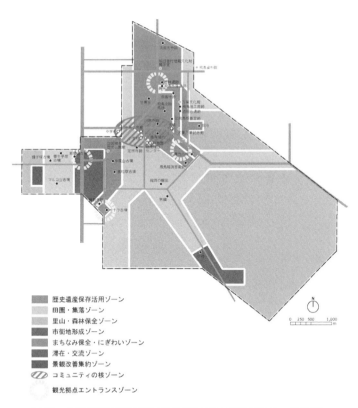

図12　土地利用計画図（第4次明日香村総合計画2000年〜2009年）

的に活用する方向への方針の転換が行われた。明日香村民及び明日香村に関心を持つ方々にとって、明日香村では、観光に関する商業活動などを行うことは許されないのではないかという思いから、第一歩を踏み出すことを躊躇されていたが、この方向転換の影響は非常に大きく、明日香村でもいろいろな活動を行える可能性があるという風潮が強まったのは確かである。2000（平成12）年に策定された第4次明日香村総合計画の土地利用方針では、良好な街並みを形成するとともに、もてなし交流の核として、散策、飲食、購買などが楽しめるにぎわいの街づくりを目指し「まちなみ保全・にぎわいゾーン」を定め、都市計画では、市街化区域の第1種低層住居専用地域の中に、にぎわいの街特別用途地区を定め、ある一定規模の店舗やアトリエ、宿泊施設を設置することを可能としている。まず最初に、飛鳥集落において古民家を活用した飲食施設が誕生し、その後、宿泊施設も誕生している。飛鳥集落は、明日香村歴史的風土保存計画の中に、甘樫丘の上から飛鳥坐神社方面を俯瞰する視野の中においては、一定規模以上の屋外広告物の掲出は抑制するとされるなど、特に景観に配慮されている集落でもある。明日香法施行後、長年において建物の意匠形態の規制が行われてきたことで、歴史的風土と調和した魅力ある景観がつくられてきた。そのことが、明日香村の魅力を使って何か取組をしてみたいという方々に興味を持っていただくきっかけとなっている。しかし、明日香村は、明日香法などの規制により新たな店舗等を建てられる地域が限定されること、建物の意匠形態に多額の費用を要すること、また、既存集落内に多くの空閑地を要していないことから、新たににぎわい施設を建設することは難しく、にぎわいを創出することは中々進まないものであった。2009（平成21）年度からは、明日香村の人口減少が進み、若者が村外へ流出することで、空き家が増加し、空き家が及ぼす景観や安全面の対策が必要となってきていること、また、空き家を活用するということは、新たな開発を伴わず、景観に対し大きく影響を与えずに経済活動ができるとして、村内の空き家を流通させるため「空き家バンク制度」を創設している。現在は、明日香村観光情報ポータルサイトに、多くの飲食施設や宿泊施設が掲載されており、にぎわいの創出が進んでいる。また、近年では、村外の企業が参画し、村の課題を解決し、明日香村の活性化を図るための事業展開が進ん

助成内容	建物所有者	利用者
動産整理費用補助金	1／2（上限20万）	×
バンク登録奨励金	3万円 3年以上登録又は契約成立	×
仲介補助金	賃貸（上限5万円）売買（上限10万円）	
改修工事補助金	1／2（上限200万円）	
利子補給制度	上限20万円（改修融資額1,000万円以内、利子補給率2%、期間5年以内）	
不動産流動化対策補助金	上限50万円（長期譲渡所得金額の住民税の5%相当分）	×

図13　空き家バンク制度の助成内容

図14　ブランシエラ　ヴィラ　明日香

でいる。2022（令和4）年3月にオープンした「ブランシエラ　ヴィラ　明日香」もその一例であり、星野リゾート宿泊施設の建設も進んでいる。歴史的風土の創造的活用は、飲食施設や宿泊施設を増やすことがすべてではなく、来訪者をもてなすための取組の一端に過ぎない。2020（令和2）年に「文化観光拠点施設を中核とした地域における文化観光の推進に関する法律」が施行されたが、歴史的風土の創造的活用はその先駆けとなる考え方であると感じている。現在、明日香村は、歴史的風土を創造的に活用する「明日香まるごと博物館づくり」を展開している。歴史的風土の創造的活用は、歴史的風土の保全と一対のものであり、引き続き、両方のバランスをとりながら取組を行っていく必要がある。

6　明日香法施行から40年が経過し想うこと

　明日香法が施行されてから現在まで、明日香村の住民は、土地利用及び建築物等の意匠形態の厳しい規制を受け生活を行ってきた。おそらく法施行当時は、その当時の明日香村の姿を保全するための法律であったがために、40年後の明日香村の姿が想像されていたものではないと思われる。結果として、「日本のこころのふるさと」と言われる景観が残るとともに、より良好な集落景観が創出された。これは、一朝一夕でなし得ることではなく、長年の住民の理解と協力によりなし得たものである。現在、明日香村に関心を持っていただける人により、この良好な集落景観の中で、経済活動が増えつつある機会の創出につながっている。

　明日香法が施行される以前に、「飛鳥地方における歴史的風土および文化財の保存等に関する方策について」(1970 (昭和 45) 年 12 月 18 日) 閣議決定が行われてから、明日香法施行後も引き続き、明日香村の遺跡等の保存及び活用が、明日香村における歴史的風土の維持保存に密接な関連を有することにかんがみ、国、奈良県及び明日香村は、遺跡の分布状況の調査及びその発掘調査を相互に協力して積極的に推進することに努めている。その結果、様々な遺跡が新たに発見されるとともに、歴史を裏付ける証拠が見つかってきており、明日香村、橿原市、桜井市を範囲とする「飛鳥・藤原」世界文化遺産の登録を目指すことが可能となっている。未調査の範囲は広く、まだまだ調査は続くと思われ、新たな発見が楽しみである。

　最後に、明日香村で何か取組を行う際や、明日香村の歴史的風土について議論が行われる際に、必ず、「明日香らしさとは何か」が問われる。私は、古代を感じることができる歴史文化遺産の周辺に、古代から現代まで営まれてきた生活環境があり、その営みによって、歴史文化遺産が守られている環境が歴史的風土であり、「明日香らしさ」であると思っている。歴史文化遺産と生活環境の調和を図ることは非常に難しいことであるが、その調和が成り立っているからこその「明日香らしさ」であると思っている。これから先も、「明日香らしさとは何か」という議論は行われるはずである。しかしながら「明日香らしさとは何か」が規定されていない、又は規定できないのが良いのではと感じている。その時代時代によって、生活環境が変化していく中で、その生活環境と歴史文化遺産の間で、その時代の「明日香らしさ」として、調和を図っていければ良いと思っている。

引用・参考文献

朝日新聞平成 6 年 1 月 20 日「明日香でも県・関電が電柱撤去へ」

産経新聞平成 6 年 1 月 11 日「電線の地下埋設工事進む　明日香村」

第 4 次明日香村総合計画　平成 21 年 3 月策定

三木健二・新開高尾・山本尚武・久門雅臣　2012「歴史的風土の保護と創造的利活用　実践 10 年の報告─奈良県明日香村を例として─」地域総合研究所紀要第 4 号

読売新聞昭和 46 年 12 月 13 日夕刊「飛鳥の里に木製電柱復活」

読売新聞平成 4 年 2 月 19 日「推進協がマスタープラン」

特定非営利活動法人明日香の未来を創る会編　平成 27 年 11 月 22 日「稲渕棚田を守る」棚田オーナー制度発足 20 周年記念誌

明日香法と古都保存のこれから

藤 田　尚

1　古都保存法の特例として

　10余年の議論を経て、明日香法は1980（昭和55）年に成立となった。明日香村における歴史的風土の保存及び生活環境の整備等に関する特別措置法（以下、「明日香法」という。）は、古都における歴史的風土の保存に関する特別措置法（以下、「古都保存法」という。）の特例及び国等において講ずべき特別の措置を定めたもので、明日香村の全域を歴史的風土特別保存地区に相当する地区として、現状の変更を厳に抑制する第一種歴史的風土保存地区及び著しい現状の変更を抑制する第二種歴史的風土保存地区の指定や地域住民生活との調和を図るための明日香村整備計画（奈良県知事作成、国土交通大臣同意）と明日香村整備基金（国24億円、県6億円、村1億円）等が定められている。

　後年、第三次明日香村整備計画策定と同時に、明日香村整備基金の運用益の極端な減少を踏まえ、併せて歴史的風土の創造的活用を図る事業を支援するため「歴史的風土創造的活用交付金」が創設された。

2　明日香村全域を保存するということ

　明日香法第1条（目的）で、この法律は、「―略―我が国の律令国家体制が初めて形成された時代における政治及び文化の中心的な地域であったことをしのばせる歴史的風土が、明日香村の全域にわたって良好に維持されていることにかんがみ、かつ、その歴史的風土の保存が国民の我が国の歴史に対する認識を深めることに配意し、住民の理解と協力の下にこれを保存するため……」としている。

　つまり、明日香村が有する歴史的資産と自然環境が不可分の関係にあると

いえ、農業や林業といった生産活動の場、居住地すべてが歴史的風土を構成しているともいえる。

　このように生産活動や生業の場、居住地全域の規制を行うことによって、歴史的風土・景観が守られている。「今は見えない」歴史的文化的遺産。見えないけれども、確実にそこにはあって、飛鳥独特の雰囲気を漂わせて、我々を想像の世界に誘ってくれる。かつて、宮都を彩り、支えてきた多くの貴重な歴史文化遺産が基盤にあり、それらが集落や生業の場と一体となって独特の歴史的風土を形成している。『万葉集』で詠われた太古の飛鳥の姿が、現在の明日香村の山・川や野辺にたたずむと想起させられる。

3　他の古都法適用地域との差異

　古都保存連絡協議会という行政による組織がある。古都保存法による適用地域を抱える地方自治体によるものである。

　ここでは、古都保存に関わる地域課題や情報を持ち寄り、古都保存行政の推進に資する場として実務的、将来的な対応策を共有する機会づくりとして定期的に開催されている。

　ただし、他の古都地域と決定的に違うところは、明日香村においては特定の場所を歴史的風土として守ろうというのではなく、村全域をその対象とし、しかも全域を特別保存地区として適用したのが特異なポイントである。

　さらに、そのなかで明日香法により、第一種と第二種に区分するという措置がなされている。そのほかに、風致地区や景観法による景観計画も全域を対象にしており、各種法制度が折り重なって、今日までの明日香村の歴史的風土保存につながっている。

　そして、明日香村の場合は、住民生活・生業の場が同時に、歴史文化遺産保存上の不可欠な場所であることに大きな特徴がある。村全体に古代飛鳥の歴史文化遺産が埋蔵されており、その上に、農業を中心とする住民生活の営みが重なって歴史的風土をかもし出している。つまり、歴史的枢要地区と生活及び生業の場とが分けられておらず、一体性があるのが最大の特徴である。

　しかしながら、明日香村に課せられたこの特異な法的措置は、古都保存連絡協議会という古都保存行政の場でもなかなか理解してもらえないケースが

見受けられる稀有な実態を有する。

4　飛鳥古京を守る議員連盟の再発足

1970年に発足された議員連盟であったが、1980年の明日香法制定により、所期の目的達成や議員諸氏の世代交代等の背景のなかで、その役割や使命が希薄になり形骸化するとともに、休止状態となっていた。

明日香法制定後、15年の歳月を経て第三次明日香村整備計画の策定に向けて、その間の振り返りや検証をしていくなかで、村を取り巻く状況は大きく変わり、現行制度だけでは、歴史的風土の保存や生活環境の整備等に十分な対応ができかねる状況となっており、改めて必要な検討を加えることが喫緊の要務となっていることから今後の方向性を共有し、理解してもらえる応援団が必要として、村は議員連盟再発足の相談を野呂田芳成衆議院議員等と図り、竹下登元内閣総理大臣に会長（二代目）就任を願うこととなった。1997年5月議員連盟総会が開催され、長い休会状態（1980年8月総会が最後）を経ての再編となった。

翌年4月には、竹下会長の視察が実現し、明日香村中央公民館で講演が叶い、そのなかで「生まれてよかった、住んでよかった、来てみてよかった」という村づくりを呼びかけられたのが印象深い。

その後、2000（平成12）年10月、後任会長に綿貫民輔衆議院議員（当時衆議院議長）が就任（三代目）の運びとなり、現在、自由民主党の国会議員による議員連盟として、2009（平成21）年2月、細田博之衆議院議員（2023年11月10日逝去）が就任（四代目）され積極的に活動いただいている。

また、公明党による議員連盟として「明日香村の保存・整備プロジェクトチーム」が結成され、北側一雄衆議院議員が座長就任され今日まで活動いただいている。

5　全村規制のなかでの地域振興

古都保存法は、1960年代前後の急激な国土開発の影響により歴史的文化的な都市や地域に及ぼす乱開発ともいえる行為活動に歯止めをかけるものとして画期的なものであった。

　明日香村にあっても、宅地開発やホテル建設の波が間近に迫り来るなかで、外圧からの開発を押しとどめる法的措置として有効に作用し、今日の明日香村の様相を保全することができた。

　しかし一方で、基幹産業であった農業が、耕作環境や後継者問題等により極端な弱体化をみることとなり、農業離れが顕在化する事態となった。さらに、歴史的風土保存の担い手である定住人口問題が顕著となり、ピーク時の1990年に7,300人であったのが2022年5月では5,300人と27％減少している。高齢化率（65歳以上）で見ると、明日香法制定時の1980年に13.3％であったのに対して2022年には40.1％となっている。また、年少人口（0〜14歳）では、20.2％から10.3％と急速に減少している。

　財政状況をみると、地方交付税への依存度が近隣自治体と比較しても40％台と高い状況にあり、歳入のうち、市町村税が占める割合が10％前後と低く、そのため財政力指数が0.23と低位な状態であり、財政基盤が極めて脆弱である。

　村外での就業状況では、橿原市への通勤が最も多く、次いで大阪府が多くなっている。村民の約60％が村外での従業となっている。

　さらに、経営耕地面積をみると、耕作農地は年々減少し、1980年496haが2021年362haと約27％減少し、耕作放棄による荒廃地増加が及ぼす田園景観・里山景観への影響が懸念される。

　観光面では、1975年前後のピーク時には、年間180万人を超えていたが、現在では80万人前後で推移している。宿泊客数は、1.6万人前後で観光客数に占める割合は2％となっている。

　これらのことから、人口問題や極端な少子高齢化及び村財政状況と、明日香らしい観光等に寄与する産業の創出・誘致といった相関関係は密接なものとして捉えなければならない。

　20〜30代の若者世代の転出抑制を講じ、子育て世帯の定住・転入施策の構築として、「住み続けたい」「住んでみたい」を支援する子育てに優しく、暮らしやすい福祉・医療・教育分野の独自施策を展開する一方、空き家対策と併せて起業を狙いとした古民家再生による店舗づくり、明日香村の歴史的風土を最大限活かした産業誘致による地域振興の視点が必要である。

　1965 年頃から延々と議論し、歴史的風土の保存と住民の生活との調和や開発と保存という相反する両極のバランス感覚のなかでの地域振興策は、極めて困難であり、たやすくないが、古都保存という大義、大局の中で攻めの保存と守りの保存を使い分け、活かすことが必要であると解している。

6　凍結的保存から創造的活用へ

　1980 年の明日香法制定以来、10 年ごとの期限で二次にわたる明日香村整備計画（事業主体：県・村）が執行されたのを機に国・県・村で検証を行った。立ち後れた道路・河川・下水道・農業基盤といったインフラは優先的、重点的に整備されたが、村の特徴である歴史的風土の保存と文化財保護（文化財保存施設、発掘調査、史跡地買収・整備）と観光施設整備（観光文化施設、公衆便所、万葉歌碑、水時計）は、極めて低調であったことから改めて課題が明らかになった。

　1998 年 6 月、橋本内閣総理大臣は、「明日香村における歴史的風土の保存及び生活環境の整備等を今後一層進めるための方策はいかにあるべきか」について歴史的風土審議会に諮問（諮問第 28 号）した。その答申は、1999 年 3 月に小渕内閣総理大臣に答申（答申第 28 号）された。同審議会は、歴史的風土保存の下での新たな村づくりの方向性を示唆した。答申は、明日香村の活性化の方向性として『歴史的風土の創造的活用による地域産業の振興』を示した上で、

　　　・「学び・体験し・実感できる歴史文化学習の場として、明日香村の観光
　　　　振興を図るべき。」
　　　・「多くの人に明日香村を訪れていただくための宿泊施設など受け入れ体
　　　　制の整備を推進することが必要。」

といった明日香村の将来像が盛り込まれた。

　このことは、明日香法制定以来 20 年を経て、歴史的風土の保存は法規制一辺倒では限界があり、住民生活とその基盤をなす産業振興なくしては成し得ず、保存措置と地域振興の両立をもって明日香村の活性化を図るべきとの内容となった。そのような成果をもって、第三次整備計画（2000 年度～2009 年度）を奈良県知事が作成し、2000 年 9 月 28 日に森内閣総理大臣が同意した。

7　明日香らしさへの挑戦

「明日香らしさ」という響きのいい言葉に、明日香法に関わってきたすべての人が悩まされ、苦慮し、翻弄されてきたといえる。明日香村では、「景観」とは、山や川、農地、建物、樹木や森林、人々の活動といった視覚で捉えられるものに加え、視覚以外で捉えられるものを含めた、人間の五感を通じて感じることのできるすべての要素からなる空間（景）を、目にし、感じる（観る）ことで捉えることのできる、まちや地域の表情であるとしている。

明日香村の景観は、わが国の律令国家体制が形成された時代における政治及び文化の中心的な地域であったことが、現在もなお往時を偲ばせる遺跡群と周囲に広がる農地や山林などと一体となって保存されてきた。この歴史的風土と、山地、丘陵地、平地のつながりなどを感じられる景観や、古くからの伝統行事や祭礼、人々の営みが織りなす生活景観を総称している。このように、明日香村景観計画では定義している。〝日本のこころのふるさと〟と比喩される所以である。

景観計画と同時並行で進めてきたのが、世界遺産登録への名乗りの検討と奥飛鳥の文化的景観指定への取組である。

そもそも、古都保存法や風致地区条例が適用されているにも関わらず、景観法に基づき景観計画を導入するに至った背景には、地域活性化施策とりわけ、歴史的風土の創造的活用に向けての方向性を具体的なものとして目指すために、適切な保存措置を講じた上での明日香らしい開発の実効性を果たすためのものであった。1990 年には、7,300 人であった人口が、2005 年には、6,343 人と大きく減少していた。明日香村の歴史的風土保存の担い手である定住人口維持・確保は喫緊の課題として位置づけた。都市計画法第 34 条第 11 号を利して市街化調整区域の一定の既存集落において、新たな住宅等の立地を求めるとした制度により明日香村の 3 地区（大字奥山・大字川原・野口・大字越・真弓）において適用した。奈良県・国交省との協議を重ね実現したものである。

一方で、明日香村の産業振興を図るべく企誘誘致を目途として、その受け皿づくりに資するために、同法第 12 条の 4 第 1 項第 1 号に定められている、住民の合意に基づいて、それぞれの地区の特性にふさわしいまちづくりを誘

導する計画（市街化調整区域の地区計画）の策定を2022年4月に行った。『明日香まるごと博物館づくり』というコンセプトに則り、日本のこころのふるさと飛鳥の歴史文化観光に触れ、滞在してもらうなかで、観・感・泊・食・買により、経済循環を促すとともに、企業誘致の基盤づくりを行っている。

　また、空き家対策と定住促進に向け、空き家バンク制度をいち早く立ち上げ、空き家所有者と移住者のマッチングを行うとともに、古民家を活用した起業促進に注力している。明日香村の市街化区域は、「歴史的風土保存計画」において「おおむね現状において維持するもの」とされ、村面積の約4.4%を占めるのみであり、用途地域も住居系の指定に限られている。市街化区域においても歴史的風土の創造的活用を図るべく、にぎわいの街特別用途地区（都市計画法第8条第1項第2号）を2地区指定（岡地区—2001年、阪合地区—2016年）し、用途制限を緩和することにより、飲食店、土産物店やアトリエ工房など観光・交流施設の立地を誘導している。近年では、2018年近鉄飛鳥駅前周辺を「道の駅」としての要件を整え、未利用公共用地については、土地区画整理事業による宅地整備を実施し、子育て世代の移住受け入れを行った。

　2007年に国内の世界遺産暫定リストに記載されたものの、時を経て、2022年6月文化庁へ推薦書の正式提出を果たした。今後は、日本政府の推薦決定、ユネスコへの正式推薦書提出、そして世界遺産委員会での登録審議を待つこととなる。

　これらすべての取り組みは、明日香で暮らし、明日香で働き続けるために行っている施策である。明日香法施行40数年を経て、歴史的風土と埋蔵文化財は保全されたが、若者の村外流出により急速に過疎が進行（2017年過疎指定）し、村の維持継続が困難な状況になっている。

　これに対応するため、人口（定住）問題、土地利用施策、企業誘致、空き家対策、世界遺産登録推進、景観や文化寺を活用した活性化への道半ばを歩んでいる。すなわち、未来図をどう描くか、描けるかにかかっている。

　奈良県でのプロジェクトでは、「飛鳥宮跡」「飛鳥京跡苑地」の整備活用に向けた検討が進展している。国土交通省・文化庁においては、「高松塚古墳壁画保存公開施設（仮称）」の計画が進展している。

　これら国・県・村のプロジェクトを第五次明日香村整備計画と連動しつつ、

展開することにより課題の克服に導き、実効することで明日香の未来図としたい。

引用・参考文献
明日香村　2006『続明日香村史』下巻
明日香村　2011『明日香村景観計画』
明日香村　2014『明日香村景観デザインマニュアル』
井原　緑　2022「明日香村の風土と景観」『超教育学としてのアートプロジェクト』奈良県立大学

明日香村の未来戦略

未来像／明日香まるごと博物館

森川 裕一

はじめに
― 明日香村の魅力／古代の歴史、戦後の田園風景、明日香法 ―

　明日香村の魅力とは、明日香法が生み出したものとは、何だろうか。

　古代東アジアにおいて、中国の南北朝時代より冊封関係を結んでいた「韓半島の高句麗・新羅・百済」や、律令・仏教による統治を強化してきた「隋・唐」との大交流により、飛鳥時代、今から1,400年、1,300年前に、東の夷「倭」から律令国家「日本」へと大変貌していった。その中心となった明日香村は、「日本の国のはじまりの地」や「日本の心のふるさと」と言われてきた。

　古代の日本の特徴は、東アジアの東端において、大海・太平洋に浮かび、穀物の実りは豊かだが、地震、台風、火山などの様々な自然災害が起こる‘恐ろしい大自然’と向き合ってきた倭の地にあって、飛鳥時代、交流と戦いの100年余りを経て、当時東アジアの強力な統治組織である‘律令国家体制’をも柔軟に取り入れ、新たな「日本」を創り上げたこと、古代東アジアで興った近代化、大帝国発足の大嵐を、辺境の地にありながら必死にかつ急速に乗り越えてきたこと、といえる。

　戦後、昭和40年代の高度経済成長の時代、コンクリートや鉄骨によって築かれた欧米型の合理的都市づくりの波が明日香村にも押し寄せてきた時、高松塚古墳壁画の発見を契機に考古学への機運が高まり、飛鳥時代の宮殿・寺院・古墳などの遺跡と併せて、昭和時代の街並みや棚田などの田園風景を保全していこうとする取り組みが始まった。遺跡や景観が一体となった歴史的風土の保全のために、1970年に閣議決定がされ、歴史的風土保存区域及び史跡指定の拡大、道路・河川等の整備、歴史公園、歴史資料館、飛鳥保存財

団の設置等が決定された。併せて、歴史的風土を守りつつ、住民生活の安定・向上を目的とした明日香村における歴史的風土の保存及び生活環境の整備等に関する特別措置法（以下、明日香法という。）が 1980 年に制定され、以後国・県・村が一体となって生活環境の整備や産業の振興、歴史的風土の保全と文化財の保護に関する施策が取り組まれてきた。

　明日香法が施行されて 40 数年、令和の時代に明日香法のある意義を確認し、100 年、200 年経っても価値のある明日香村、飛鳥地方の未来像を模索したい。

トピック　「明日香」と「飛鳥」の違い？

　明日香村と飛鳥時代のように "アスカ" の発音で、二つの表記がある。

　その使い分けは、「昭和の大合併（1956（昭和 31）年）」の時に始まる。それまではいずれも「飛鳥」を用いていたが、飛鳥村、高市村、阪合村の合併時に、知名度はあるものの、面積、人口が小さい飛鳥村を名乗るのではなく、飛鳥時代から使われていた万葉仮名の一つ '明日香' をとって「明日香村」と表すこととなった。

　古来、飛鳥とは飛鳥寺から飛鳥宮跡までの狭い区域を指していたが、今は、明日香村に加え、飛鳥時代の中心地域であった橿原市・桜井市・高取町なども含む広域として捉えている。

1　世界遺産登録の論点
―明日香村の歴史と自然は、どこが唯一無二か？―

（1）飛鳥時代―日本国創成の歴史―

「飛鳥・藤原」の世界遺産登録の取り組みが佳境に入っている。その中で、飛鳥の遺産は世界の中でどこが唯一無二か。それを説明する史跡群はどう保全され、管理されているのか。そして、世界中の人々に分かり易く語られているのかと問われている。古墳時代、九州・山陰・近畿など、地域毎の隆盛が中心であり、交流という視点からは、韓半島とどうつきあうのかが焦点であった。しかし、飛鳥時代に古代東アジアの大変革の時を迎える。律令に基

表1　飛鳥・藤原の宮都とその関連資産群の構成

	飛　鳥 （西暦 593 ～ 693 年）	藤　原 （694 ～ 710 年）
宮殿跡 「律令制度」に基づく 儀式／政治／行政の仕組みが 整ったことを示す	**飛鳥宮跡、** **飛鳥京跡苑池、** **飛鳥水落遺跡、** **酒船石遺跡**	藤原宮跡・藤原京跡朱雀大路跡 大和三山
仏教寺院跡 仏教が広まり、中央集権国家の 象徴となったことを示す	**飛鳥寺跡、**山田寺跡、 川原寺跡、橘寺跡（橘寺境内）、 **檜隈寺跡**	大官大寺跡、 本薬師寺跡
墳墓 天皇を頂点とする国家の 墓制を示す	**石舞台古墳、** **牽牛子塚古墳、** **菖蒲池古墳**	天武・持統天皇陵古墳、 中尾山古墳、 キトラ古墳、高松塚古墳

※太字が明日香村内の遺跡。

づく隋・唐という大帝国との厳しい戦いに晒され、外交と国政の狭間で、大胆で柔軟な変貌を繰り返しながら、東の夷「倭」から日出ずる国「日本」へと創成へと飛躍することとなり、その影響は今も日本の文化や社会に連綿と受け継がれている。

　この日本国創成のプロセスが、飛鳥時代の中でも「飛鳥宮」と「藤原宮」の二段階に分けて、「宮殿跡」「仏教寺院跡」「墳墓」の史跡にはっきりと残されていることが、特筆すべきことと認識している。

　世界遺産登録においても、史跡の価値を、①古代東アジアの大交流の様子が飛鳥・藤原の史跡を通して分かることと、②表１に示すように、飛鳥時代の前期と後期に分けて、「宮跡跡」「仏教寺院跡」「墳墓」の各分野において史跡が存在し、律令国家「日本」が創成された過程が分かること、の二点で説明している。

　それでは、少し具体的に、前期・後期、宮跡跡・仏教寺院・墳墓の史跡を少し具体的に紹介しよう。

①飛鳥時代前期の遺跡

　飛鳥時代前期とは、日本最初の女帝推古天皇と、政（まつりごと）を補佐した聖徳太子、蘇我馬子らの進めた遣隋使などの新たな交流により、国家を統治するため、仏教を布教し、国家としての新たな仕組みを次々に取り入れた時期であり、次世代の遣唐使の影響を受けた、7世紀半ばの乙巳の変から大化の改新、そ

して白村江の戦いが続いた時期でもあり、急速な制度導入、そして、隋・唐と韓半島との戦いに巻き込まれていく時期でもある。

　蘇我馬子発願の飛鳥寺跡、中大兄皇子建立と言われる川原寺跡、聖徳太子の生誕地と言われる橘寺跡（橘寺境内）、蘇我倉山田石川麻呂発願の山田寺跡があり、舒明天皇が初めて狭義の飛鳥においた飛鳥岡本宮跡、ほぼ同じ場所につくられた飛鳥板蓋宮跡、後飛鳥岡本宮跡、そして、天武天皇・持統天皇の二代が営んだ飛鳥浄御原宮跡、更に、宮に関わる飛鳥京跡苑池（饗宴・儀式機能）、飛鳥水落遺跡（時間の定着）、酒船石遺跡（祭事機能）などの施設の数々。加えて、蘇我馬子の墓と言われる方墳の石舞台古墳、蘇我氏に関わりが深いと言われる菖蒲池古墳、7世紀半ばに飛鳥に初めて築かれた皇極・斉明天皇の古墳といわれる牽牛子塚古墳など、飛鳥前期の史跡の数々がある。

②飛鳥時代後期の遺跡

　飛鳥時代後期は本格的に都が造営された時代。藤原宮はわずか16年の期間であったが、日本の大変革期に抜本的な変化をもたらした。隣接する橿原市に残る藤原宮跡と、藤原京朱雀大路跡、大和三山、本薬師寺跡に加えて、当時東アジアレベルの国家寺院である大官大寺跡、明日香村には、天皇の八角墳と確認されている天武・持統天皇陵と文武天皇が火葬後埋葬されたと言われている中尾山古墳。加えて、極彩色で精密な壁画で彩られた石室を持つ高松塚古墳とキトラ古墳がある。ここには当時の東アジアの世界観が描かれており、国内では二つしか見つけられておらず、以降古墳自体が創られなくなっていったことからも、唯一無二の歴史的・美術的な価値を持つ古墳である。

　古墳時代と異なり、飛鳥時代前期には、国家としての機能が様々な観点から求められ、天皇の宮の周りに配置されだし、結果的に宮も天皇毎に移るのではなく、数代にわたり飛鳥の同じ場所に造られることとなった。寺院も有力豪族が寺院を作るようになり、豪族の墳墓も従来の前方後円墳から、渡来人系の有力豪族などは中国・韓半島に見られる方墳へと変化した。

　飛鳥時代後期になると、宮の中に大極殿（天皇の政治や儀式）や官衙（官庁）がつくられ、朝賀の儀などの国家行事も都の中の宮で行われるようになり、仏教寺院も国家が造営するようになり、天皇一族の古墳も藤原京南方の現在

の明日香村に配置され、特に天皇墳は日本独自の八角墳となった。

　明日香村では、飛鳥時代の新しい発見、新たな謎解きが続いている。

トピック　牽牛子塚古墳・越塚御門古墳

　2010年明日香村教育委員会の発掘調査により、八角形墳であることが確認され、併せて隣接して越塚御門古墳が発掘されたことから、牽牛子塚古墳は斉明天皇、間人皇女を、越塚御門古墳は大田皇女を埋葬されたと考えられている。

　2021年3月に整備を終え、形状は往時の姿を彷彿とさせながら、越塚御門古墳内で当時の映像を鑑賞できる施設としてオープン。「飛鳥・藤原」世界遺産構成資産候補の一つ。

図1　整備した
牽牛子塚古墳

---

(2) 現在の明日香村の景観

　現在の明日香村の自然、村の中で目に入る景観は、平地での瑞穂の水田、丘陵部の蜜柑・葡萄の木々やいちごハウス、飛鳥川上流部では、道沿いに伸びた集落のまわりを囲む昔からの棚田や里山・雑木山、そして尾根筋まで伸び上がる杉桧林であるが、これはあくまで江戸時代から昭和時代にかけての、人の手が入った自然景観、集落の歴史的風土である。古代飛鳥時代の前期にあっては、596年に建造された飛鳥寺は瓦葺きであったが、皇極天皇が643年から居住された飛鳥板蓋宮は板の屋根で、飛鳥の都は、板葺きや瓦葺きなどが混在していたと考えられる。

　日本において、第二次世界大戦以降、戦後復興の名のもとに高度経済成長が都市部を中心に国内全土に広がり、1970年大阪万博の開催とともに、明日香村も開発の波に飲み込まれようとした。その時、村民御井敬三氏、日本経済の牽引役松下幸之助氏、当時の首相佐藤栄作氏など多くの人が、明日香村を開発の波から守るべきとの声を上げた。そして、10年後、1980年から‘明日香法’が施行され、明日香村は異なる未来への階段を歩み始めた。

図2　稲渕の棚田オーナー制度

　現在明日香村の高齢化率は、この10年で30％から40％を超えるまでに進み、働き盛りの若年層は村を離れ、残った若年層も核家族化が進展する中で、仕事、子育て、介護に時間の多くを費やすこととなっている。そこで、農村景観の主となる農地や山林は担い手不足で、田畑森林に手が入りづらくなってきており、荒れ地と化してきている。アライグマ・イノシシ・シカなどの野生動物が集落の直ぐ近くまで現れて、新芽や収穫直前の穀物まで蝕んでおり、農地や山林の担い手の気力を挫いて、より集落周辺の荒廃が進んでいる。

　一方で、2000年頃から‘明日香法’の歴史的風土の創造的活用の考え方に基づき、都市住民が農作業体験をしながら、担い手不足に陥った水田や畑地、果樹園を支援し、農村景観を維持しようとするオーナー制度の取り組みが続いている。今後は、帰農者、新規就農者の支援も急務となっている。

2　明日香まるごと博物館づくり

(1) 明日香まるごと博物館の三つのゾーン

　明日香まるごと博物館とは、歴史的風土の広がる明日香村全域を屋根のない博物館（明日香フィールドミュージアム）として捉え、村民や明日香村に関わる人たちが運営者・経営者になり、来訪者に五感（視覚・聴覚・嗅覚・味覚・触覚）で最大限に楽しんでもらおうとするものである。明日香村は、飛鳥時代、飛鳥寺・飛鳥宮があり、遣隋使・遣唐使・大化の改新などが舞台となった『飛鳥京 歴史ゾーン』、天武持統天皇陵・高松塚古墳・キトラ古墳など終末期古墳・陵墓などが点在する『奥津城 古墳ゾーン』、飛鳥川、棚田、女綱、男綱など自然とともに生きる日本人の心が息づく『奥飛鳥 自然ゾーン』の三つのゾーンに捉えられる。

　この三つのゾーンを意識しながら、観（観る：史跡、寺院、街並み、景観）感（体験：古代体験、オーナー制度、マラソン）泊（宿泊：民泊、分棟型ホテル）食（食べる：地産地消、オーベルジュ）、買（土産：加工所、特産品）これに加えて、交通（道の駅、かめバス、

明日香まるごと博物館 / 三つのゾーン

「明日香まるごと博物館」は3つのゾーンに分けられます

飛鳥京 歴史ゾーン
飛鳥時代、遣隋使・遣唐使、大化
の改新など、日本の枠組みが形成
された歴史の舞台が広がるエリア

奥津城 古墳ゾーン
高松塚古墳壁画、キトラ古墳壁画、
日本を代表する終末期古墳・陵墓
などが点在するエリア

奥飛鳥 自然ゾーン
飛鳥川、棚田、女綱、男綱など
自然と共に生きる日本人の心象
風景が息づくエリア

※奥津城（おくつき）…墓所のこと。

図3　明日香まるごと博物館とは

サイクリング）、情報発信（あすかナビ、講演会）などを行い、AR・VR技術やプ
ロガイド等で旅行商品化していく。

（2）明日香まるごと博物館の観・感・泊・食・買

　明日香まるごと博物館づくりの観・感・泊・食・買と交通・情報発信・旅
行商品化の各施策の充実するにあたり、直近では次の点に注力していきたい。

観る・感じる

　　…高松塚古墳壁画保存公開施設、飛鳥宮跡などの中核拠点の整備と案内
　　　機能の革新、及び長時間滞在の実施。特に、閑散期／冬期夏期対策。
　　　AR技術や古代衣装、音楽／踊りなど飛鳥時代を体感できるものの創成。

泊まる・食す・買う

　　…夜や朝に食べる、感じる取り組みの強化。
　　　少数者を対象にし、高付加価値化された施設・商品づくり。

交通・情報発信・旅行商品化
　…交通システム、決裁システム（飛鳥まるごと共通券など）の構築。
　　世界を対象とした高付加価値化商品づくり。

(3) 明日香まるごと博物館づくりのポイント
　これからの明日香まるごと博物館づくりにあたっては、次のような点に力点を置いていきたい。

① メインルートの形成／インタープリテーション戦略の策定と実践
　「飛鳥・藤原」世界遺産登録に併せて、その資産価値を分かり易く来訪者に伝えるため、主要な案内ルートの形成やゾーン毎の世界遺産センター機能の整備、個々の史跡の説明手法の向上などをめざしていく。特に、『飛鳥京歴史ゾーン』『奥津城 古墳ゾーン』『奥飛鳥 自然ゾーン』特有の景観が体験できるゾーン景観の形成と視点場の整備を進める。

② 拠点施設の整備・見える化
　世界遺産構成資産候補の宮殿跡、仏教寺院跡などを保存・管理、そして整備・活用していく際、史跡毎に露出復元や復元整備に努めていくが、その際、例えば乙巳の変や朝賀の儀のような宮殿内や寺院で起こった事件やイベント、古墳造営の思想や喪主の視点から見た葬儀の様子などを AR・VR 技術も活用して分かり易く説明していく。

③ プロガイドが伝えるストーリー
　日本遺産「日本国創成のとき～飛鳥を翔けた女性たち～」の推古天皇、善信尼、皇極・斉明天皇、額田王、持統天皇のような飛鳥時代を生きた主人公のストーリーを現地の史跡や景観などと併せて多数描き出す。そして、それをプロのガイドが来訪者の興味にあわせて、説明し、案内する仕組みを強化していく。例えば、聖徳太子の視点で、遣隋使・仏教興隆・無言仮面劇「伎楽」を描く。或いは、斉明天皇、天智天皇の視点で、乙巳の変・大化の改新、牽牛子塚古墳を描く。天武天皇、持統天皇の視点で遣唐使、藤原京造営・朝賀の儀、

天武・持統天皇陵を描くなどが考えられる。

④ 飛鳥を伝える伝承芸能やデザイン

明日香村には、現在伝承芸能が、万葉集を謡う「万葉朗唱」、大陸から伝わった二弦の琴「八雲琴」、皇極天皇の雨乞いの物語「南無天踊り」、中大兄皇子と中臣の鎌足の出会いの場「飛鳥蹴鞠」があるが、これに今、無言仮面劇「伎楽」を再現しようとするプロジェクトが動いている。これに加え、飛鳥時代の

図4　日本遺産「日本国創成のとき〜飛鳥を翔けた女性たち〜」

劇を演じる「劇団 時空」や明日香村を本拠地とする「和太鼓倭」等が活動している。さらに、飛鳥時代のデザインを積極的に発掘していきたい。

⑤ 新たなにぎわいのまちづくり

明日香法施行後40年、にぎわいの街建築条例施行後20年を経て、古来の真神原にあたる岡大字や飛鳥大字では、違和感のある工作物は激減し、昭和の新建材の屋根から瓦屋根へと変化し、電線類の地中化が進み、飛鳥宮跡・

トピック　無言仮面劇「伎楽」プロジェクト

612（推古20）年、聖徳太子の命を受け、伎楽（呉楽）が百済人味摩之により伝えられた。古代の東西アジアとの交流を面白おかしく想起できる伎楽（呉楽）の再現を試み、再現した伎楽面を村内拠点施設にて展示するとともに、世界遺産登録時（2026年目途）に、伎楽を通じ飛鳥の時空間を体感できるイベントの開催をめざす。

図5　天理大学雅学部による伎楽

図6　岡大字のまちなみ

飛鳥寺を取り巻く集落の佇まいが大きく改善してきた。

　地域が過疎化・少子高齢化する中で、住居や商店をどう維持・改修し、集落のにぎわいを再生していくのか、住民の皆様方と知恵を結集する段階となっている。

⑥ 自然との共生は、自然の恵みと人の汗、そして、歴史と自然に遊ぶ

　集落の近くの田畑などでは、高齢化・担い手の減少に併せて、営農可能な規模にコンパクトに再編し、その他の田畑・樹林地では、営農組織化された企業や法人などが‘飛鳥で遊ぶ’をテーマに、国内外の方々に継続的に飛鳥の自然の中で食べ物を育てたり、森林田畑で時を過ごして頂ければと考える。あるいは、飛鳥川上流を巡り、古代からある古道（天武天皇・持統天皇も越えたと言われる芋峠など）を楽しみながら、沿道に点在する古代から引き継がれてきた印（例えば、男綱、女綱、飛鳥川上坐宇須多岐比売命神社、役行者像、そして横道に入って、女淵や男淵）を探しながら散策し、可能ならば奥明日香天空展望台まで足を伸ばしてみてはいかがだろうか。

3　明日香法が支える未来像

　村人が自分の敷地だけを守るのではなく、様々な形で村全体を守り、元気になり、幸せになる。来訪者や関係者や法人もともに行動して、より豊かに

図7　稲渕の棚田

時を過ごす。そのような未来像を目指し、現在、明日香まるごと博物館づくりを進めている。

　そのためには、先ず、高齢化し、少子化してきた村民のくらしが豊かとなることが必要であり、明日香法に基づく支援などを財源とし、医療・介護・健康

づくり、子育て・教育、危機管理・感染対策などの分野で全面的な見直しを図り、安心の強化とともに、新たな人づくりに取り組んできた。

　その上で、地域が元気になるためには、明日香まるごと博物館を村民・来訪者とともに形成していくことが不可欠となっている。幸い地方創生の国家的な取り組みのもと、第三次明日香村整備計画（2000年（平成12年）策定）以降、歴史的風土の創造的活用の考え方が進められ、国等による様々な支援なども強化されてきた。

　この考え方を更に推し進め、明日香村の未来像を実現するため、新たな世代に明日香村を知って、体験して、未来の明日香づくりに参画してもらいたい。前述の歴史文化観光や体験メニューづくり、加えて子育て・高齢者の新たな取り組みもそのような意識を持ちながら展開している。

　2022年3月から始まった、飛鳥ハーフマラソンでは、日頃都市部で活躍している40代、50代の働き盛りの方々を中心に3000人のランナーが、「飛鳥・藤原」の世界遺産構成資産候補を走り抜けていただいている。世界遺産登録と併せて、フルマラソンへと飛躍してほしい。

　明日香村の未来像としては、世界の中での独自の歴史と自然をもつ日本の国にあり、その中でも、東京のような"政治・経済活動の極"ではなく、日本の国の"歴史・文化の極"を目指していきたい。そのための飛鳥ブランドづくりなどの新たな取り組みを行っていきたい。

おわりに

　2020（令和2）年から世界中がコロナ感染対策に追われてきたが、ウクライナ侵攻から始まる国家の姿・価値観、自由主義か全体主義かの再確認など、地域の有り様を見つめ直す時期ともなっている。世界中で同時進行している物価高騰、経済運営体制の再編があり、一方で地域社会や住民一人一人がどんな

図8　飛鳥ハーフマラソン

価値観で、どんな豊かさを目指してくらしていこうとするのか。今まさに戦後の経済規模拡大を目標とする豊かさのものさしから、心の満足感を求めるものに変化してきているのではないか。明日香村においては、経済合理性や金融システムによる管理ではなく、歴史や文化、自然やアートが溢れる‘飛鳥ブランド’という尺度に基づいて、一人一人が豊かさを感じる未来像を描き、それに向けて長期的に一つ一つ施策展開していくことが目指すべき地域像ではないだろうか。

　今回描いたのは、令和の時代の豊かな地域ビジョン「明日香村の未来戦略」であり、次の時代の村民はもう少し異なった豊かさを追い求めるかもしれない。しかし、明日香村には唯一無二の歴史と自然があり、それを輝かすための明日香法が存在し、‘明日香法に基づく社会基盤’と‘古来からのしくみ’と‘明日香にくらす人々’が存在している。明日香法を踏まえて、次の世代にバトンタッチされ続ける面白さ・挑戦に期待したい。飛鳥時代から今まで、そして未来に向けても、遺跡や景観は変わらなくとも、くらしや興味が変化し続けて、初めて明日香村の未来像〜明日香まるごと博物館〜が実現されていく。

写真で読み解く明日香の昔と今

辰巳 俊輔

はじめに

　写真とは、決して遡ることのできない時間の一瞬を記録として留めることができ、さらにその一瞬の真実を未来に伝えることのできる媒体である。偽りのない、ありのままの姿を伝達する手段として19世紀はじめに発明されて以降、劇的な進歩により、現在ではスマートフォン等を通じて誰もが時間や場所を問わずに撮影することが可能となっている。

　明日香村では、まず1933（昭和8）年と1935（昭和10）年に京都帝国大学により実施された石舞台古墳の発掘調査が端緒となり、その後1956年の飛鳥寺跡の調査を皮切りに奈良国立文化財研究所（当時）等による発掘調査が行われ、調査に関連して多数の写真が撮影された。そこにはセスナ機から撮影された写真も含まれており、当時の飛鳥地域の景観を知る上で非常に貴重な存在といえる。また、多くの写真家が本地域をフィールドとして多数の写真を伝えている。その中でも入江泰吉は昭和20年〜40年代の奈良県内の寺社、街並み、そして景観を多数撮影している（入江泰吉記念奈良市写真美術館編 2011）。本稿では、それらの写真と同じ構成で撮影した現在の写真（巻頭カラーに掲載）とを比較し、明日香の変化を読み解くことにより、明日香法が本地域の景観形成に与えた影響を紹介する。

1　石舞台古墳

(1) 1951年：入江泰吉撮影

　石舞台古墳の存在が広く認識されるようになるのは、江戸時代以降であり、多くの紀行文等に記されるようになる。まずその存在が初めて認められるの

が1696（元禄9）年に松下見林により記された『前王廟陵記』である。そこでは、天武・持統天皇の檜隈大内陵の所在を「清見原村」の西としている。そのような地名は存在しないが、江戸時代には現在の大字「上居」が天武天皇の飛鳥浄御原の「浄御」が転訛した地名と推測されており、宮跡があった地と考えられていた。さらに飛鳥浄御原宮の跡地が清見原村と呼称されるようになり、大字「上居」に隣接する石舞台古墳が天武天皇の檜隈大内陵として考えられるようになった。その後、1848（嘉永元）年に暁鐘成により記された『西国三十三所名所図会』では当時の様子が克明に描かれており、田畑の中に聳える石舞台古墳が堂々と表現されている。檜隈大内陵の所在については、現在の野口王墓古墳の他、宮内庁による畝傍陵墓参考地として治定されている五条野丸山古墳が主な候補として考証されてきたが、このように石舞台古墳もその候補地として認識されていた時期があったことがこれらの史料から窺える。

　1933年には京都帝国大学文学部考古学研究室により、墳丘の構造や築造過程の解明を目的とした本格的な発掘調査が実施され、その実態が明らかと

図1　『西国三十三所名所図会』に描かれた石舞台古墳

なった (京都帝国大学 1937)。その後、1935 年には史跡に、1952 (昭和 27) 年に
は特別史跡に指定され、1954 (昭和 29) 年から周濠の発掘調査が開始され、復原・
整備工事が行われることとなった (米田 2015)。この復原・整備工事については、
1952 年 7 月 18 日に吉野川流域、奈良盆地の南端部を震源地として発生した
吉野地震 (M6.8 と推定) により、石室の一部に亀裂が生じたことによる補強工
事が必要となったことが要因とされる (奈良県教育委員会 1956)。

　今回紹介する写真はそのような中、1951 年頃に写真家の入江泰吉により撮
影されたものである。入江が撮影した写真を見ると、『西国三十三所名所図会』
と同じく、現在よりも石室の石材が一段多く露出していたことがわかる。ま
た、周辺には麦の穂が実り、背後の丘陵は山肌も見えるなど、江戸時代から
続く景観が残されていることを知ることができる。現在と変わらず観光地と
して認知されているようで、石室の上に登って写真を撮ることは定番となっ
ていたようである (現在は禁止されている)。

(2) 2020 (令和 2) 年：明日香村撮影

　1970 (昭和 45) 年 12 月 18 日に閣議決定された「飛鳥地方における歴史的
風土および文化財の保存等に対する方策について」において、飛鳥地方にお
ける住民生活の向上を図り、かつ同地方における歴史的風土および文化財の
保存・活用に資するため、都市計画公園の設置等を講ずべきこととされた。
翌 1971 年 5 月 27 日には建設大臣が「飛鳥国営公園の整備方針について」を
決定し、同年 7 月 30 日に都市計画が決定されることとなった。そして 1975
年に着工され、翌 1976 年 9 月 1 日に国営飛鳥歴史公園石舞台地区が開園した。
着工に際して、奈良県立橿原考古学研究所による発掘調査が実施され、石舞
台古墳の北西において 7 基の横穴式石室が検出された (奈良県立橿原考古学研究
所 1976)。これらの古墳は冬野川両岸に点在する細川谷古墳群の支群の一部と
推定される。そのうち 2 基は墳丘下部の約半分が石舞台古墳の外堤下まで続
いており、出土土器から 6 世紀後半から末の築造であることが判明した。こ
のことから、石舞台古墳築造に際し、これらの古墳を破壊したことが明らか
となり、石舞台古墳の被葬者像を考える上で有益な手掛かりを提供している。
　現在も江戸時代から変わらず観光地として認識されており、明日香村のラ

ンドマークとして村内で最も多くの来訪者が訪れている施設となっている。また、国営飛鳥歴史公園石舞台地区内では、年間を通じて歴史に限らない様々催しが行われており、本地域の魅力を多方面から発信する機会を創出している。

2　飛鳥川上流の稲渕(いなぶち)集落

(1) 1974年頃：明日香村撮影

　稲渕集落は飛鳥川上流の右岸に展開する集落である。集落に隣接して広大な棚田が広がっている。棚田は最長3.8kmの大井堤をはじめ、10本以上の井手により給水が行われている。これにより、河床から50m以上の標高差のある土地が水田として利用することができている。水田面積を確保するため、法面は石積が施されており、上部を土羽状とする伝統的な工法が継承されてきている。集落の北端において、毎年正月11日に綱掛け（勧請縄掛け）が実施されている。この綱は男綱で、男性の陽物をかたどったものを中央に付けている。南に位置する栢森(かやのもり)集落では女綱による綱掛けが実施されている。いずれも飛鳥川上に掛けられていることから、龍神、水神のシンボルとされており、一年間の作物の豊穣と子孫繁栄を祈願して、その成就を予祝する行事として意識されてものとされている（奥野2006）。なお、集落内の発掘調査を実施した際、斜面を平坦にするための造成土中から土師器皿片や瓦器皿片が出土しており、その年代観から13〜14世紀頃に造成されたことが判明している（明日香村教育委員会2004）。

(2) 2020年：明日香村撮影

　稲渕集落は1974年頃と変わらず、集落と水田が共存して空間を維持している。一方、飛鳥川を挟んだ集落の対岸では奈良県が策定した明日香村整備計画に基づき、県道が整備された。また、稲渕集落を含む周辺は「奥飛鳥の文化的景観」として、2011（平成23）年に国の重要文化的景観に選定された（明日香村2010）。文化的景観とは、2005年4月1日に改正された文化財保護法第2条第1項第5号において、地域における人々の生活又は生業及び当該地域の風土により形成された景観地で我が国の生活又は生業の理解のため欠くこ

図2　現在の稲渕棚田

とのできないものとして定義されている。奥飛鳥の文化的景観の特質としては、まず飛鳥川上流域において展開される地形に即して営まれてきた居住の在り方があげられる。飛鳥川沿いの河岸段丘面上や山裾、山の傾斜面状等に小規模な集落が点在し、居住空間を確保するため、周辺の石材を用いた石積みを構築し、家屋には大和棟を採用した独特の集落景観を形成している。さらに集落に隣接して広大な棚田が存在し、その給水には15世紀に遡るとされる井手が用いられており、現在もなお、耕作者により維持管理されている。集落の中には飛鳥川に降りる階段を設置した「アライバ」もあり、現在も生業の中で機能している。以上のような居住の在り方と生業の在り方とが組み合わさった価値の高い文化的景観として、重要文化的景観として選定された。また、約300枚からなる棚田景観は日本の農村の原風景が残された地として知られており、日本の棚田100選にも選定されている。

3　飛鳥集落より天香具山を望む

(1) 1958年：奈良国立文化財研究所撮影

　飛鳥集落の中心に位置するのが日本最初の本格的な伽藍配置を有する飛鳥寺跡である。飛鳥寺は587年に蘇我馬子が発願し、588年に百済から仏舎利や僧侶、寺工、露盤博士、瓦博士、画工等が来日し、飛鳥衣縫造の祖樹葉の家を壊して造営が開始され、606年には鞍作鳥による丈六銅仏を金堂に安置されたことなどの造営過程が克明に記載されている。飛鳥寺跡は飛鳥地域で戦後初めて行われた本格的な発掘調査により、中枢伽藍の全貌が明らかとなった（奈良国立文化財研究所1958）。本写真はその発掘調査中の写真で、手前に西金堂を検出した調査区が写っている。飛鳥寺跡の発掘調査は、吉野川分水の敷設に伴い、1956年から奈良国立文化財研究所によって実施されており、飛鳥地域における初めての組織的な発掘調査となった。翌年の1957年からは同じく奈良国立文化財研究所により川原寺跡の発掘調査が実施されている（奈良国立文化財研究所1960）。その後、飛鳥地域ではほぼ毎日のように奈良文化財研究所（2001年に独立行政法人化）、奈良県立橿原考古学研究所、明日香村教育委員会による発掘調査が実施されている。

　写真には写っていないが、右側（東側）には飛鳥坐神社が鎮座している。飛鳥坐神社は『日本紀略』天長6年3月条によると、神の託宣によって「高市郡賀美郷甘南備山飛鳥社」を高市郡賀美郷の鳥形山に遷したと記されている。この鳥形山が現在の飛鳥坐神社であることから、829（天長6）年以来、現在地に坐していることがわかる。当初は月次祭や新嘗祭等に際して官幣として関与したが、中世・近世には郷社となる。江戸時代には紀行文等で取り上げられることが多く、『大和名所図会』では参拝者で賑わった境内の様子が描かれている。飛鳥坐神社の参道は西へ伸び、それに沿うように住居が築かれている。「大和棟」と呼ばれる奈良県を中心に近畿地方で多く見られる母屋部分を急勾配の茅葺とし、両妻に高い瓦葺の小屋根を付した袖壁を建て、下屋は緩勾配の瓦葺とした特徴的な建築様式を呈した建物が複数認められる。この写真が撮影された昭和30年代は飛鳥地域のほとんどで大和棟の建物を見ることができたが、茅葺の維持管理等に係る費用等の問題から、現在

では数棟しか残されていない。

　写真奥（北側）に写るのは奥山集落である。奥山集落の中心には奥山久米寺跡が所在し、現在でも塔などの礎石が確認できる。飛鳥集落と奥山集落の間には東西に県道橿原神宮東口停車場飛鳥線が通り、日々多くの自動車等が往来している。さらにその奥には大官大寺跡、さらにその奥には香具山が位置する。

(2) 2020年：明日香村撮影

　飛鳥集落から香具山までの間の明日香村域のほとんどは第1種歴史的風土保存地区に指定されており、現状変更が禁止されている。飛鳥坐神社の鳥居から西へ直線に伸びる県道の電線類の地中化が実施されており、江戸時代から形成されてきた歴史ある街並みを良好な状態で体感することができる。古民家を改修した飲食施設や宿泊施設が整備されている事例も近年増加傾向にある。電線類の地中化工事に伴う事前の発掘調査では飛鳥寺跡の痕跡を示す軒瓦や鴟尾、磚といった瓦磚類等が多数出土している（奈良文化財研究所2018）。集落の西側には全面に石敷が施された飛鳥寺西方遺跡が広がり、7世紀中頃から後半までの広場空間の様相が明らかとなっている（明日香村教育委員会2020）。『日本書紀』では飛鳥寺西について、中大兄皇子や中臣鎌足が蹴鞠で出会った場や都貨邏人・蝦夷・粛慎等を饗宴した場として記されており、国家的にも重要な場所として認識されていたことがわかる。飛鳥集落の北方では石神遺跡が広がっており、明治時代に須弥山石や石人像が掘り出されたことで著名である。継続的な発掘調査の結果、斉明朝（7世紀中頃）、天武朝（7世紀後半）、藤原宮期（7世紀末）の三時期の遺構群が確認されている（奈良文化財研究所2009）。一部からは東北地方から出土した土器が多量に出土しているため、『日本書紀』に記されている飛鳥寺の西に須弥山を作って蝦夷等を饗宴したという記述と一致することが注目される。さらにその北側には大官大寺跡が広がっている。発掘調査の結果、中軸線上に南から中門、金堂、講堂が並び、金堂の東側に塔が建ち、中門から回廊が北に延びて金堂に取り付き、東西回廊はさらに北に延びて講堂の背後で閉じる伽藍配置であることが判明した（奈良国立文化財研究所1975他）。金堂は藤原宮や平城宮の第1次大極

殿に匹敵する規模を有していた。塔は基壇が一辺約24mで、柱間が各十尺の方五間となり、高さ約80mに復元することができる。現在は塔跡と金堂跡のみが周囲と比較して高くなっていることからその面影を偲ぶことができるが、それ以外は水田へと変化し、当時の面影を見ることができない。しかし、大官大寺跡を含む周辺の水田景観は飛鳥地域の歴史的風土を形成する重要な要素といえる。

4　高松塚古墳周辺

(1) 1972年：橿原考古学研究所撮影

　高松塚古墳は江戸時代より「高松塚」と呼ばれ、紀行文や絵図等でその様子が描かれていた。特に北東に位置する中尾山古墳とともに文武天皇の檜隈安古岡上陵の候補地として考えられることがしばしばあり、元禄以来、幕府による修陵事業においてその対象とされ、竹柵や制札の設置が行われた。その後、檜隈安古岡上陵については高松塚古墳の他、野口王墓古墳もその候補地となり、最終的に1881（明治14）年に現在の栗原塚穴古墳が治定されるに至った（辰巳2021）。しばらくその存在が忘却されることとなったが、高松塚古墳周辺に遊歩道敷設の計画が持ち上がり、再び注目されることとなった。

　その後、阪合村、高市村、飛鳥村の三村が合併し、現在の明日香村が成立して15周年の記念事業として『明日香村史』の刊行が決定し、それを契機として具体的な様相が明らかとなっていない遺跡の調査が計画され、高松塚古墳の発掘調査に予算措置されることとなった（明日香村1974）。そして1972年3月21日、高松塚古墳の石室内から極彩色の壁画が発見された（橿原考古学研究所1972）。飛鳥ブーム、考古学ブームが巻き起こり、その後の明日香保存に多大な影響を及ぼしたことは第2章の「古都飛鳥の保存とその歴史的意義」でも言及してきたとおりである。

　本写真は高松塚古墳の発掘調査に際して撮影されたもので、当時の様子を俯瞰して知ることができる。手前（南側）の丘陵斜面に高松塚古墳が、写真奥（北側）の丘陵頂上に中尾山古墳が位置する。それぞれの古墳周辺に植栽されているのは蜜柑である。昭和中期から後期にかけては本村の多くで蜜柑が植栽されており、多くでこのような光景を見ることができた。また、丘陵と丘陵

の間の谷部は水田が広がっており、農業を主要産業とする昭和の明日香村の典型的な景観を知ることができる。

(2) 2020年：明日香村撮影

　高松塚古墳壁画発見の翌年、高松塚史跡公園都市計画が発表され、そして1978年に整備工事に着手し、1985年に国営飛鳥歴史公園高松塚周辺地区が開園した。隣接する中尾山古墳も一体となって周辺整備が実施された。公園内には発見直後の壁画の模写を展示する高松塚壁画館も立地している。公園全体を見ると、蜜柑で覆われていた丘陵部は樹林地へ、水田が広がっていた谷部は芝生広場へと姿を変えている。芝生広場については、元の水田区画を踏襲して整備されており、大きな景観の変化は認められない。また、高松塚古墳については、2002年10月に判明した壁画のカビに関する問題において、最終的に石室の解体という結論に至った（大脇2022）。そして、石室が解体された後の墳丘は発掘調査の成果に基づき、検討会で議論を重ねられた結果、直径23.0m、高さ17.7mの二段築成の円墳として仮整備が実施された。石室

図3　現在の高松塚古墳

は将来的に墳丘に戻すことが前提での解体であったため、墳丘はあくまで仮整備として位置付けられている。

5　甘樫丘から真神原を望む

(1) 1971年頃：橿原考古学研究所撮影

甘樫丘は『日本書紀』にもその名が記されており、皇極天皇3年11月には蘇我蝦夷と入鹿が邸宅を並べ建て、蝦夷の邸宅を上の宮門、入鹿の邸宅を谷の宮門と呼び、周囲には城柵を巡らせ、門付近には武器庫や火災対策の用水を設け、常に兵士で守らせていたとある。その後、翌年6月の乙巳の変に際しては、蘇我蝦夷が邸宅に火を放ったと記されている。甘樫丘南東の谷部において、1993年以降に継続的な発掘調査が実施され、焼土等が出土し、その関係性が指摘された（奈良国立文化財研究所1995）。

甘樫丘から望む地域は真神原と呼称され、7世紀を中心とした政治・文化の中心地として栄えた。その大部分を占める飛鳥宮跡の存在が知られるよう

図4　現在の飛鳥宮跡（奥に見える丘が甘樫丘）

になったのは 1959 年から始まった飛鳥板蓋宮伝承地の調査からである。この調査において、石敷や井戸跡などの遺構の存在が明らかとなり、当該地域に宮殿が存在したことが判明した（奈良国立文化財研究所 1961）。その後、1972年には建物や塀の円柱・植栽による遺構表示や石敷・井戸の復元が行われている。一方、飛鳥京跡苑池の存在が明らかになるのは後述するように 1999 年になってからであるが、当該地では 1916（大正 5）年に二つの石造物が農作業中に掘り出された。その形状が東に位置する岡の酒船石に似ていたことから、「出水の酒船石」と呼称されていた。当時は用途が不明であったものの、後の発掘調査によりその性格が明らかとなった。

　この真神原は南から北に向かって緩やかに傾斜する地形で、水田耕作にも適していることから、ほぼ全面でそれが行われている。古都飛鳥を代表する歴史的風土が形成されている地域ともいえる。

(2) 2020 年：明日香村撮影

　甘樫丘は石舞台古墳と同じく、1970 年 12 月 18 日の閣議決定において都市計画公園として位置付けられた。1974 年 1 月 18 日に都市計画決定が行われ、1976 年の墓地改修工事を契機として、植栽や園路、広場工事に着手され、1980 年 4 月 1 日に国営飛鳥歴史公園甘樫丘地区として開園を迎えた。それまで蜜柑畑が広がっていたが、『古事記』や『日本書紀』ゆかりの樹木が植えられるなど、歴史に触れることを目的とした設計が行われている。

　甘樫丘から望む真神原は大部分が第 1 種に指定されており、現状の変更が厳しく規制されている地域であるため、1971 年頃と比較しても景観の変化は認められない。この平坦地の大部分を占める飛鳥宮跡は継続的な発掘調査や研究を通じて、その具体的な構造が判明してきている（奈良県立橿原考古学研究所 2008）。特に上層の飛鳥宮跡Ⅲ—B 期と位置付けられている飛鳥浄御原宮の様相は大部分が明らかになっている。継続的な調査により、我が国の都城形成史における極めて重要な位置を占めることが判明しつつある。この飛鳥宮跡の本質的価値を次世代に継承するため、これまでの凍結的な保存ではなく、その歴史的意義を発信し、社会教育や地域振興等に資する文化財として積極的に活用することを目的として、計画期間を 2030（令和 12）年度までとする

『飛鳥宮跡保存活用計画』が策定された（奈良県 2022）。この計画では、遺構表示等のハード整備とデジタル技術によるソフト整備を組み合わせて当時の空間を体感できる場を創出するとともに、整備途上においても遺跡を活用できる仕立てとすることが明記されている。また、隣接する飛鳥京跡苑池も 1999 年の発掘調査で初めてその存在が確認された（奈良県立橿原考古学研究所 2012）。2021 年度までの調査で北池と南池からなる全容が明らかになり、整備に向けた計画が検討されているところである（奈良県 2020）。

おわりに

　本稿で紹介してきた写真はいずれも昭和 40 年代以前と令和 2 年に撮影されたものである。両者を比較することで得ることのできる情報としては、約 50 年前から家屋の形状や集落の範囲、水田景観に大きな変化が見られないことである。明日香法により、古都保存法の歴史的風土特別保存地区にあたる第 1 種歴史的風土保存地区または第 2 種歴史的風土保存地区として全村域が指定され、開発等に対して厳しい規制がなされている。一方、国・奈良県・明日香村による各種事業が展開され、国営公園の設置や集落外の道路新設、電線類の地中化等が行われ、景観保全を前提としつつ、住民生活の安定向上に寄与する事業も推進している。これこそ、明日香法の理念ともいえる歴史的風土の保存が国民の歴史に対する認識を深めることと、その前提に住民の理解と協力があることの両輪が生み出した調和により成立しているものといえる。また、飛鳥地域では、年間を通じて各所で発掘調査が実施されており、毎年新たな発見がある。地下に良好な状態で保存されている埋蔵文化財と地上の美しい景観が一体となっている歴史的風土が「日本のこころのふるさと」として親しまれる所以である。写真はその一瞬を映し出したものであり、その段階の光景を半永久的に次世代を伝えることができる。これからの 10 年、20 年、さらにその先を生きる人々に、明日香法の意義を伝えるためにも過去の写真と現代の写真との比較を行うことは重要な手段といえる。

引用・参考文献
明日香村　1974『明日香村史』上巻、同刊行会
明日香村　2010『「奥飛鳥地域の文化的景観」保存計画』

明日香村教育委員会　2004「竜福寺の調査」『明日香村遺跡調査概報　平成 14 年度』

明日香村教育委員会　2020『飛鳥寺西方遺跡発掘調査報告書─飛鳥寺西槻の広場の調査─』明日香村文化財調査報告書第 14 集

入江泰吉記念奈良市写真美術館編　2011『入江泰吉の原風景　昭和の奈良大和路』光村推古書院

大脇和明　2022『白虎消失─高松塚壁画劣化の真相』新泉社

奥野義雄　2006「飛鳥の祭礼・年中行事」『続明日香村史』中巻、明日香村

橿原考古学研究所編　1972『壁画古墳　高松塚　中間報告』奈良県教育委員会、奈良県明日香村

京都帝国大学文学部考古学研究室　1937『大和島庄石舞台の巨石古墳』京都帝国大学文学部考古学研究報告第 14 冊

辰巳俊輔　2021「幕末・維新期における檜隈安古岡上陵の実像」『明日香村文化財調査研究紀要』第 20 号、明日香村教育委員会

奈良県　2020『第 14 回飛鳥宮跡活用検討委員会及び第 12 回史跡及び名勝飛鳥京跡苑池保存整備・活用検討委員会　議事録』

奈良県　2022『飛鳥宮跡保存活用計画』

奈良県教育委員会　1956「特別史跡石舞台古墳復原工事にともなう調査概報」『奈良県史蹟名勝天然紀念物調査報告』第 14 輯

奈良県立橿原考古学研究所　1976『石舞台地区国営公園予定地　石舞台古墳及び周辺の発掘調査概要』

奈良県立橿原考古学研究所　2008『飛鳥京跡Ⅲ』奈良県立橿原考古学研究所調査報告第 102 冊

奈良県立橿原考古学研究所　2012『史跡・名勝　飛鳥京跡苑池（1）』奈良県立橿原考古学研究所調査報告第 111 冊

奈良国立文化財研究所　1958『飛鳥寺発掘調査報告』奈良国立文化財研究所学報第 5 冊

奈良国立文化財研究所　1960『川原寺発掘調査報告』奈良国立文化財研究所学報第 9 冊

奈良国立文化財研究所　1961『平城宮発掘調査報告 I　伝飛鳥板蓋宮跡』奈良国立文化財研究所学報第 11 冊

奈良国立文化財研究所　1975〜1983「大官大寺跡の調査」『飛鳥・藤原宮発掘調査概報』5〜13

奈良国立文化財研究所　1995「飛鳥地域の発掘調査」『奈良国立文化財研究所年報 1995』

奈良文化財研究所　2009「石神遺跡（第 21 次）の調査─第 156 次」『奈良文化財研究所紀要 2009』

奈良文化財研究所　2018「飛鳥寺北方の調査─第 188-19 次、第 192-1・9 次」『奈良文化財研究所紀要 2018』

米田文孝　2015「石舞台古墳発掘の歴史的意義─発掘 80 周年を迎えて─」『河上邦彦先生古稀記念献呈論文集』同記念会

末永雅雄
明日香を守った考古学者

　末永雅雄は石舞台古墳について、以下のように位置付けている（末永1968）。「飛鳥見学の大観をし、あるいは日本古代史上に大きな波瀾を留め、文化の躍進をさせた飛鳥の歴史をふりかえるにふさわしい場所でもあろう」

　まさに古都飛鳥におけるランドマーク的存在としてその価値を認識するとともに、学術的にも重要な位置付けにあることを述べている。それは石舞台古墳のみを見て言及しているのではなく、飛鳥地域全域、あるいは日本全体を見渡した上で述べているのであり、石舞台古墳への強い想いを感じることができる。

　末永は1897（明治30）年6月に大阪府南河内郡（現在の大阪狭山市）で生まれ、水戸学の学統をひく高瀬真卿に師事し、関保之助から考古学と有職故実の指導を受けた。1926（大正15）年には京都帝国大学文学部の考古学研究室に所属し、考古学者の濱田耕作と国史学者の西田直二郎の指導を受けることとなった。ある日、研究室で数人が漫談していた際、濱田が石舞台古墳を発掘調査することを提案された。ところが一人の室員が巨大な古墳の調査はなすべき方法がないとして反対した。そこで濱田は末永に対しても意見を求めたところ、末永は調査目的を濱田に質問した。濱田はヨーロッパの巨石文化に関する知識を有しており、これまでの遺物を主眼にした調査ではなく、築造手法や企画、古代の土木技術を解明することを目的にしていることを説明した。濱田はその後、末永に石舞台古墳に調査へ行くよう指示をした。末永が初めて飛鳥地域で発掘調査を行うこととなった瞬間である。この調査が現在の発掘調査手法等の原点になり、多大な影響を及ぼすこととなった。さらに飛鳥地域におけるランドマークが誕生した瞬間でもある。末永は他にも飛鳥地域における様々な遺跡の発掘調査を指揮し、現在に至る豊富な文化財の本質的な価値の解明に貢献している。

　飛鳥地域で発掘調査を進める中、周辺からの開発の波が明日香に迫り、遺跡調査よりもまずは全体の保存が急務であることを実感されていた。そのような中、全国の古都飛鳥を愛する人々を中心として、古代遺跡と歴史的風土を保存し、飛鳥古京を守り、これを後代に残すことを目的とした飛鳥古京を守る会が設立された。当会は多数の有識者を委員等として構成し、飛鳥古京の保存に関する事業の推進や史跡の調査、関係資料の収集・保存・活用を実施するとした。末永はその会長として就任した。会長として世論を積極的に巻き込み、国家的見地から保存をさらに充実するよう働きかけた。会長退任後も高松塚古墳における極彩色壁画の発見に際しては、鮮明な写真による記録を行った上で調査を迅速に完了させ、壁画の保存を第一として入口を密閉するよう指導した。国民が世紀の大発見として注目する中、保存という手段を決断するのは容易でなかったことが想像できる。これも明日香全体の保存を通じて、改めて文化財の保存の重要性を実感した結果といえる。

　明日香法制定を議論する国会では、参考人として文化財の保護や歴史的風土の保存等の必要性について、考古学立場から説明し、明日香法制定に大きく貢献した（明日香村 2021）。1986（昭和 61）年にはその功績を称え、明日香村名誉村民の称号を授与されている。

　末永は、明日香が現在のように多くの人々から「日本の国のはじまりの地」として注目されるより前から村内各所で発掘調査を実施していた。遺跡そのものは多様な整備の結果、飛鳥時代の姿に近づきつつある。一方、周囲を取り囲む山並みや二上山に沈む夕日、心地よい明日香風など、古代を生きた人々が見た飛鳥が今もなお残存する。末永も石舞台古墳の調査時からそれを実感していたに違いない。それは末永をはじめとした多くの先人の尽力により、明日香が守り伝えられてきたことにほかならない。

引用・参考文献
末永雅雄　1968『考古学の窓』学生社
明日香村　2021『明日香法―「日本のこころのふるさと」を守り活かす法―』明日香法制定 40
　　周年記念誌

年表 "明日香"保存のあゆみ

月日	できごと
1966 (昭和41) 年	
4月15日	古都における歴史的風土の保存に関する特別措置法(以下、「古都保存法」という。)施行
7月4日	古都保存法における古都として明日香村を定める
1967 (昭和42) 年	
12月15日	明日香村歴史的風土保存区域の指定(約391ha)
1968 (昭和43) 年	
1月26日	明日香村歴史的風土保存計画の決定
4月27日	明日香風致地区の指定
1969 (昭和44) 年	
2月19日	明日香村歴史的風土特別保存地区の指定(飛鳥宮跡約55ha、石舞台地区約5ha)
1970 (昭和45) 年	
2月下旬	東洋医学研究家、御井敬三により明日香村の歴史的風土の保存と住民の誇りをうたった「声の直訴状」を、松下電器産業株式会社松下幸之助会長を経て佐藤栄作内閣総理大臣に提出
3月7日	「飛鳥古京を守る会」発足(初代会長末永雅雄氏)
4月21日	奈良県が「飛鳥・藤原長期総合計画」(明日香村整備計画の原型)を策定
5月1日	奈良県知事が明日香村で村長・村議会議長・各種代表と懇談会を実施
5月15日	奈良県が佐藤栄作首相に「飛鳥・藤原地域長期総合保存開発構想」を提出
5月20日	「飛鳥古京を守る議員連盟」発足(初代会長橋本登美三郎)
5月24日	明日香村史跡研究会(会長福井清康)により、「明日香の将来を考える村民会議」を開催
6月28日	佐藤栄作首相が甘樫丘など、明日香村を視察。「国・県・村が協力、住民の納得できるよう保存したい」と発言
11月24日	関係各省庁に「飛鳥・藤原地域対策に関する要望書」を提出
12月18日	「飛鳥地方における歴史的風土及び文化財の保存等に関する方策について」を閣議決定
1971 (昭和46) 年	
4月1日	財団法人飛鳥保存財団が設立(理事長松下幸之助) 近畿地方建設局飛鳥国営公園出張所が開所
5月27日	建設大臣が「飛鳥国営公園の整備方針について」を決定
10月1日	現地視察に来県の飛鳥古京を守る議員連盟に「飛鳥・藤原地域対策に関する要望書」を提出
1972 (昭和47) 年	
3月21日	高松塚古墳で極彩色壁画を発見

月日	できごと
1973 (昭和48) 年	
3月15日	財団法人飛鳥保存財団が飛鳥総合案内所を開所
3月26日	高松塚古墳壁画の寄附金付き記念切手を一斉販売
1974 (昭和49) 年	
6月1日	公園緑地管理財団飛鳥管理センター発足
7月22日	国営飛鳥歴史公園祝戸地区が開園
7月23日	飛鳥古京を守る議員連盟事務局および関係議員が関係行政庁に「飛鳥地方の保存対策に係る特別立法に関する要望書」を提出
1975 (昭和50) 年	
1月27日	飛鳥古京を守る議員連盟に「明日香保存対策に係る特別立法に関する要望書」を提出
3月1日	国立飛鳥資料館が開館
9月12日	飛鳥古京を守る議員連盟に「飛鳥対策特別立法要望書」を提出
1976 (昭和51) 年	
9月1日	国営飛鳥歴史公園石舞台地区が開園
10月21日	高松塚壁画館が竣工
10月29日	高松塚周辺地区を「国営飛鳥歴史公園」に追加するため、「飛鳥地方における歴史的風土及び文化財の保存等に関する方策の一環としての都市公園の整備について」を閣議決定
1977 (昭和52) 年	
6月7日	福田赳夫首相に特別立法の早期制定の要望書を提出
1978 (昭和53) 年	
5月28日	福田赳夫首相が明日香村を視察。奈良県・明日香村及び飛鳥保存財団からそれぞれ総理に「飛鳥保存対策にかかる特別立法に関する要望書」を提出
10月25日	飛鳥古京を守る議員連盟飛鳥保存特別立法委員会において早期制定を決議。政府に「飛鳥地方保存特別立法に関する決議」を提出
12月20日	飛鳥保存財団が大平正芳首相に「飛鳥地方の歴史的風土及び文化財の保存のための特別立法措置について」の陳情書を提出
1979 (昭和54) 年	
2月21日	飛鳥古京を守る議員連盟飛鳥保存対策特別立法委員会において特別立法案の要旨を決定
2月28日	飛鳥古京を守る議員連盟が政府に「明日香地方における歴史的風土の保存及び生活環境の整備等に関する特別法の制定について」を申し入れる
5月28日	村は「特別立法試案(野呂田芳成参議院議員案)」を37大字の総代に発表
12月4日	天皇陛下、明日香村に行幸。甘樫丘において明日香村の歴史的風土を視察

月日	できごと
	1980（昭和 55）年
2 月 5 日	明日香法の国会提出を閣議決定。政府は法案を衆議院へ提出
4 月 1 日	国営飛鳥歴史公園甘樫丘地区が開園
4 月 4 日	衆議院建設委員会で審議。（参考人　愛水典慶明日香村長、末永雅雄関西大学名誉教授、犬養孝大阪大学名誉教授他）
4 月 18 日	衆議院建設委員会で可決。衆議院で可決
4 月 22 日	参議院建設委員会で審議（参考人　上田繁潔奈良県副知事、末永雅雄関西大学名誉教授、寺尾勇奈良教育大学名誉教授）
5 月 8 日	参議院建設委員会で可決
5 月 9 日	参議院本会議で可決・成立
5 月 26 日	明日香村における歴史的風土の保存及び生活環境の整備等に関する特別措置法（以下、「明日香法」という。）公布施行
6 月 24 日	明日香村整備基金条例公布施行
8 月 18 日	明日香村歴史的風土保存計画の決定
11 月 1 日	明日香法制定記念式典の開催
12 月 27 日	明日香村における都市計画を決定（第 1・2 種歴史的風土保存地区の決定、明日風致地区及び種別の変更）
	1981（昭和 56）年
2 月 24 日	明日香村における生活環境及び産業基盤の整備等に関する計画（第 1 次明日香村整備計画）承認
7 月 29 日	飛鳥古京を守る議員連盟が国関係者に「明日香村における歴史的風土の保存及び生活環境の整備等に関する特別措置法に係る国の特別の助成についての要望書」を提出
9 月	明日香法制定 1 周年記念広報「あすか」縮刷版発行
12 月	奈良県と明日香村が飛鳥古京を守る議員連盟に「明日香村特別法に係る国の特別の助成についての要望書」を提出
	1983（昭和 58）年
11 月 7 日	キトラ古墳で極彩色壁画を発見
	1985（昭和 60）年
10 月 23 日	国営飛鳥歴史公園高松塚周辺地区が開園
	1990（平成 2）年
9 月 28 日	明日香村における生活環境及び産業基盤の整備等に関する計画「第二次明日香村整備計画」の承認
	1994（平成 6）年
5 月	明日香法制定 15 周年、住民啓発やシンポジウムを実施

月日	できごと
	1997（平成9）年
5月7日	飛鳥古京を守る議員連盟再発足（竹下登元首相が会長に就任）
	1998（平成10）年
4月	「明日香村を考える村民集会」で竹下登氏が来村・講演
	1999（平成11）年
3月	国土交通省が明日香村歴史的風土創造的活用事業交付金を創設
	2000（平成12）年
9月28日	明日香村における生活環境及び産業基盤の整備等に関する計画（第三次明日香村整備計画）の承認（歴史的風土の凍結的保存から創造的活用が示される）
	2001（平成13）年
4月	キトラ古墳の石室内で「朱雀」を確認
	2002（平成14）年
3月30日	景観ボランティア明日香設立
	2003（平成15）年
4月1日	国営飛鳥歴史公園事務所発足
	2007（平成19）年
2月1日	「飛鳥・藤原の宮都とその関連資産群」を記載した世界遺産暫定一覧表をユネスコ世界遺産センターへ提出
	2010（平成22）年
7月23日	明日香村における生活環境及び産業基盤の整備等に関する計画（第四次明日香村整備計画）の承認
	2011（平成23）年
9月	「奥飛鳥の文化的景観」が重要文化的景観に選定
	2013（平成25）年
4月18日	自由民主党「飛鳥古京を守る議員連盟」と公明党「明日香村保存・整備PT」による議員連盟が再スタート
	2016（平成28）年
9月24日	国営飛鳥歴史公園キトラ古墳周辺地区・四神の館が開園
	2020（令和2）年
3月	高松塚古墳壁画の修復が終了
4月6日	明日香村における生活環境及び産業基盤の整備等に関する計画（第五次明日香村整備計画）の承認
	2023（令和5）年
5月8日	明日香村役場新庁舎での業務を開始

執筆者一覧

木下 正史 （きのした・まさし）
東京学芸大学名誉教授
世界遺産「飛鳥・藤原」登録推進協議会専門委員会委員長
明日香村文化財顧問、明日香村都市計画審議会会長

増井 正哉 （ますい・まさや）
京都大学・奈良女子大学名誉教授
世界遺産「飛鳥・藤原」登録推進協議会専門委員会委員
明日香村景観委員会会長

古澤 達也 （ふるさわ・たつや）
元・国土交通省大臣官房審議官（都市生活環境担当）

森川 裕一 （もりかわ・ゆういち）
明日香村村長

木治 準宝 （きじ・のりたか）
明日香村総合政策課課長

藤田　尚 （ふじた・たかし）
明日香村政策担当顧問

辰巳 俊輔 （たつみ・しゅんすけ）
明日香村総合政策課兼教育委員会事務局文化財課主査

2024年3月25日 初版発行　　　　　　　　　　　《検印省略》

文化財・景観を守り、活かす
—明日香法とともに—

編　者	明日香村
発行者	宮田哲男
発行所	株式会社 雄山閣
	〒102-0071　東京都千代田区富士見 2-6-9
	ＴＥＬ　03-3262-3231 ㈹／ FAX 03-3262-6938
	ＵＲＬ　https://www.yuzankaku.co.jp
	e-mail　contact@yuzankaku.co.jp
	振替：00130-5-1685
印刷・製本	株式会社ティーケー出版印刷

© 明日香村 2024　　　　　　ISBN978-4-639-02930-4 C0030
Printed in Japan　　　　　　N.D.C.069 176p 21cm